ROSARIO SORRENTINO
CINZIA TANI

PANICO

Una «bugia» del cervello che può rovinarci la vita

OSCAR MONDADORI

I edizione Saggi maggio 2008
I edizione Oscar bestsellers settembre 2009

ISBN 978-88-04-58945-7

Questo volume è stato stampato
presso Mondadori Printing S.p.A.
Stabilimento NSM - Cles (TN)
Stampato in Italia. Printed in Italy

Oscar bestsellers

Di Cinzia Tani

nella collezione Oscar

Amori crudeli
Assassine
Coppie assassine
L'insonne
Nero di Londra
Sole e ombra

nella collezione Omnibus

Lo stupore del mondo

Indice

Panico

A mio padre
e a mia figlia Giulia
R.S.

Prologo

Stai vivendo un periodo di vita armonico, sereno. Sei una ragazza appena salita sull'aereo, un giovane in procinto di dare un esame, un artista pronto per lo spettacolo, un professionista a cena con gli amici, un impiegato alla guida della sua auto… Improvvisamente i colori intorno a te sbiadiscono. Il mondo assume una tonalità grigia. Il cuore batte con violenza. Sudi. Senti un peso sullo stomaco. Fai fatica a respirare.

Ti guardi intorno chiedendoti cosa stia succedendo. Gli altri non si sono accorti di nulla. La hostess ti offre da bere, il professore sta per farti la prima domanda, il pubblico aspetta che tu ti esibisca, gli amici a tavola ridono di qualcosa… Eppure non va. Stai male. Vorresti lasciare tutto e fuggire. Ma dove? E da cosa? Il male è dentro di te.

Cerchi di controllarti, ma la paura te lo impedisce. Poi la paura diventa panico. Ora sai che si tratta di qualcosa di grave, forse un infarto. Stai per morire. Chiedi aiuto.

Ti portano al Pronto soccorso. Qui il medico ti rassicura. È solo un attacco di ansia. Un tranquillante e una bella dormita farà passare quei terribili sintomi.

Effettivamente tutto torna normale. Il giorno dopo ti svegli e stai bene. Eppure l'idea di prendere l'aereo, di dare un altro esame, di salire sul palco, di andare a cena in quel ristorante, di guidare la tua auto, ti terrorizza. Temi che l'attacco si ripresenti. Così trovi delle alternative.

Non più l'aereo ma il treno, niente spettacoli per un po', le cene si svolgeranno solo in case private, se dovrai guidare cercherai un accompagnatore. Poi, un giorno, in situazioni totalmente diverse, la paura ricompare e, con essa, i sintomi che ormai conosci.

Stiamo parlando di attacchi di panico. Un disturbo che colpisce moltissime persone, ma che può essere definitivamente risolto.

È ciò che cerchiamo di spiegare in questo libro con l'aiuto di Rosario Sorrentino, il medico che ha fondato l'Ircap, Istituto per la ricerca e la cura degli attacchi di panico.

I

Vivere in un recinto

Professor Sorrentino, quali scuole ha frequentato?

Il liceo scientifico, poi l'università, e mi sono laureato in medicina alla Sapienza di Roma. Mi sono specializzato al dipartimento di neuroscienze e in seguito, su proposta del mio direttore, ho trascorso più di un anno negli Stati Uniti dove mi sono occupato della malattia di Alzheimer.

Chi è il professore che l'ha spinta ad andare in America?

Il professor Alessandro Agnoli, che mi aveva accompagnato alla tesi di laurea.

Su che cosa ha scritto la tesi?

Sul morbo di Parkinson. Una malattia neurologica descritta per la prima volta nel 1817 da un medico inglese, James Parkinson, che ne individuò con precisione le caratteristiche e i sintomi principali.

Come mai proprio il morbo di Parkinson?

Perché in quegli anni la sperimentazione di nuovi farmaci per la cura di questa malattia era piuttosto frenetica. Ai pazienti che ne erano colpiti somministravamo un farmaco, l'L-Dopa, in infusione continua, per garantire al loro cervello un approvvigionamento costante di dopamina (il neurotrasmettitore necessario per poter effettuare in modo corretto i nostri movimenti). La sua progressiva riduzione in determinate aree cerebrali è la principale causa di alcuni sintomi del morbo di Parkinson: rigidità, tremore e rallentamento motorio. La ricerca mirava proprio a individuare i momenti più critici della giornata in cui i pazienti rimanevano privi di dopamina e subivano un peggioramento improvviso della loro sintomatologia. I risultati dei nostri studi erano fondamentali per stabilire il dosaggio della terapia e per migliorare le conoscenze sulla malattia.

Che cosa c'è di nuovo in questo campo?

Non si può dire, oggi, che siano stati compiuti passi decisivi e risolutivi per la guarigione. Tuttavia, negli ultimi anni, sono state avanzate varie ipotesi: genetiche, ambientali e tossiche. Il paziente è consapevole che la terapia non riuscirà a debellare la sua malattia, ma la renderà più dolce, restituendogli una qualità di vita accettabile.

I benefici che si ottengono utilizzando l'L-Dopa, ancora oggi il farmaco principale, all'inizio sono incoraggianti, ma dopo qualche anno si riducono progressivamente. Si tratta, comunque, di un farmaco indispensabile perché risponde a una necessità prioritaria: garantire al paziente parkinsoniano il rifornimento costante del precursore della dopamina, di cui egli è carente. Il rischio che si corre in questi casi, infatti, è quello di avere una macchina che rimane senza carburante e che, di conseguenza, può fermarsi all'improvviso.

Che cosa avete concluso con la vostra ricerca?

Il lavoro svolto fu l'ulteriore conferma che la somministrazione di L-Dopa rimane ancora oggi la cura fondamentale del morbo di Parkinson, nonostante gli effetti collaterali che una terapia prolungata comporta.

In seguito ha continuato a lavorare con i parkinsoniani?

Sì, fino al conseguimento della specializzazione. Successivamente, ho collaborato a protocolli di ricerca finalizzati alla cura della cefalea e della malattia di Alzheimer.

Secondo lei, si arriverà presto a soluzioni migliori per i malati di Parkinson?

A mio avviso, il futuro di questi pazienti è legato all'utilizzo delle cellule staminali, cellule nuove che si trasformano in neuroni andando a sostituire quelle morte per riparare i guasti del cervello. La strada da compiere si presenta ancora lunga, anche se le conoscenze attuali ci autorizzano a pensare che negli anni a venire potremo incidere su ciò che stimola lo sviluppo e la crescita di tali cellule.

Lo scopo è di ottenere cellule staminali sempre più «intelligenti», capaci di intervenire sui danni cerebrali prodotti dalla perdita di neuroni. Il Parkinson e l'Alzheimer sono malattie neurodegenerative dovute proprio alla progressiva carenza di queste cellule, con successiva perdita di importanti funzioni. La conseguenza è la comparsa di un decadimento progressivo che appare inarrestabile per la mancanza di terapie risolutive, dato che quelle oggi disponibili sono solo sintomatiche.

Le priorità immediate sono: poter disporre di farmaci più efficaci e individuare i segnali premonitori dell'insorgenza di queste malattie. Solo allora sarà possibile programmare diversamente le terapie e migliorare la qualità di vita dei pazienti.

Il cervello è plasmabile come il nostro corpo? Può modificarsi, come i nostri muscoli, attraverso l'allenamento?

È ormai crollata la concezione dogmatica secondo cui il cervello umano è un organo statico e immutabile, incapace di rigenerare o sostituire le cellule che hanno subìto danni permanenti. Una tale concezione toglieva fascino e mistero a un organo dalle funzioni così complesse (molte delle quali ancora adesso sconosciute), che rimaneva in tal modo oscuro e impenetrabile.

Ora, una rivoluzione scientifica ha dimostrato il contrario: il cervello, alla pari di un muscolo, è perennemente flessibile e adattabile.

Come si manifesta questa flessibilità?

Il cervello riesce a mutare configurazione e assetto quando riceve gli stimoli giusti dall'ambiente e dalle esperienze, aiutandoci a raggiungere l'adattamento più rapido e vantaggioso. Se oggi si parla di «plasticità cerebrale» è per sottolineare che i principali elementi che costituiscono la galassia cerebrale, i neuroni e le sinapsi, subiscono continui cambiamenti. Si aprono prospettive e scenari nuovi, come quello che l'attività fisica costante può migliorare il funzionamento e il rendimento di questo organo. È una sferzata di energia benefica che si traduce in una maggiore produzione da parte del cervello di alcune molecole: serotonina, dopamina, endorfine e anandamide. Sostanze che svolgono importanti funzioni nel nostro comportamento e contribuiscono al raggiungimento dell'equilibrio psicofisico.

Attività fisica e attività cognitiva costituiscono una scossa di energia chimica, preziosa per il nostro cervello perché lo aiutano a trovare quel giusto afflato biologico che parte dal muscolo e arriva al cervello, e poi dal cervello ritorna al muscolo. Anche perché, come affermo spesso, il cervello è un organo che «pulsa», che cambia continuamente, non è certo un organo rigido.

Torniamo a lei. Dopo la laurea va in America. Dove, esattamente?

Alla Columbia University di New York a perfezionare i miei studi sull'Alzheimer. Ricordo ancora che gli americani rimasero molto turbati dalla notizia che l'ex presidente Ronald Reagan ne era stato colpito. Questo diede un forte impulso alla ricerca, con lo stanziamento di nuovi fondi per approfondire le cause della malattia. Ma già a quell'epoca iniziai ad appassionarmi ai problemi connessi al panico.

Perché?

Perché se ne parlava già da anni e perché, nei racconti delle persone che ne venivano colpite, mi impressionava soprattutto quanto questa esperienza fosse per loro invalidante. Vivevano in una condizione di paralisi, diventavano ostaggio della loro paura. Non riuscivano nemmeno ad attraversare la strada. Cominciai a fotocopiare articoli, ad acquistare libri, a «intercettare» psichiatri americani che lavoravano nel settore, cercando di studiare a fondo un tema per me così appassionante.

Di quali anni stiamo parlando?

Degli anni Ottanta. Poi sono tornato in Italia.

Qual era l'approccio all'attacco di panico degli psichiatri negli anni Novanta?

Mentre allora c'era un filone di studi che tendeva a riconoscere l'assoluto primato delle terapie farmacologiche, oggi, invece, si è consolidato un orientamento diverso, secondo cui la terapia medica e la psicoterapia vanno associate e integrate per il conseguimento di un fine comune.

Il neurologo, quindi, non si occupava di crisi d'ansia, angosce, fobie, attacchi di panico, ma di malattie come il Parkinson, l'Alzheimer…

E di epilessia, cefalea, ictus, sclerosi multipla. Anche nell'ambito della neurologia c'è sempre stata, per fortuna, una superspecializzazione. Diciamo che la neurologia è la «casa madre», poi ci sono i vari indirizzi: quello neurofisiologico, quello neurofarmacologico, quello più prettamente clinico. È giusto che sia così, vista la complessità del nostro cervello.

Lei quale ha scelto?

Dopo essermi dedicato per tanti anni alla cefalea e poi all'Alzheimer, sono rimasto affascinato dal «pianeta» panico. Ho cominciato a dividermi tra la pratica clinica e l'attività di ricerca. Sempre stimolato da ciò che il paziente mi offriva con i suoi racconti. Sono stati spunti e sollecitazioni necessari per poter approfondire il problema e cercare di risalire al cervello, quale epicentro della nostra esistenza.

Le prime esperienze con il panico quali sono state?

Ho iniziato a occuparmi del panico appena mi sono stati proposti i primi casi, molti dei quali riconducibili alla paura di volare. Mi concentrai su quella piccola comunità casuale che si forma all'interno di un aereo, i cui «abitanti» sviluppano a poco a poco forti vincoli tra di loro e vogliono che sia non solo riconfermato, ribadito, ma anche garantito, il concetto di salute, di sicurezza. Capii che il legame fra i suoi appartenenti è determinato da un'insolita modalità di vivere lo spazio. E allora cominciai a scrivere...

A studiare, approfondire...

Sì, non tralasciavo occasione per leggere studi su questo argomento, tanto che in poco tempo acquisii una non trascurabile competenza in materia. Fu allora che misi a punto due progetti: uno era il «doctor on board», in cui si sosteneva la necessità di avere sempre un medico a bordo, il secondo mirava a sviluppare un servizio di assistenza a chi aveva paura di volare, che iniziasse non sull'aereo ma a terra.

Quest'ultimo progetto è poi diventato una realtà. Ora si organizzano corsi proprio per chi ha paura di salire su un aereo.

Cercai di far capire ai dirigenti dell'Alitalia che non era sufficiente affermare che l'aereo è il mezzo di trasporto più sicuro, ma occorreva affrontare il tema della paura di volare, l'«aviofobia», con un approccio scientifico. Bisognava far emergere il problema e, con una comunicazione adeguata, trasmettere ai passeggeri il messaggio che la compagnia di bandiera era interessata alla sua risoluzione.

Invece loro preferivano dimostrare che l'aereo è il mezzo di trasporto più sicuro e che quindi è assurdo avere paura.

Esatto. Sostenevano che il modo migliore per contrastare la paura di volare fosse dimostrare la sicurezza del volo. Ma in realtà, come spiegavo, la paura è legata al fatto che volare non rientra certo tra le attitudini più naturali per l'uomo. L'aereo rappresenta per molti un ambiente estremo: chi soffre di attacchi di panico è consapevole che, se è colto da un malore, in quel luogo non può contare su una via di fuga o di soccorso immediati. Inoltre i passeggeri vivono con forte disagio la brusca interruzione del cordone ombelicale con la madre terra, una sorta di doloroso abbandono.

Infine l'esperienza del volo si accompagna a una particolare dilatazione temporale. Quaranta-quarantacinque minuti del volo Roma-Milano vengono percepiti da molte persone come un periodo interminabile, con conseguente peggioramento di tutte le ansie che accompagnano il tempo trascorso in aereo.

E l'idea del medico a bordo non è stata mai realizzata? Mi sembra un'idea fantastica.

Non è stata mai realizzata. Dati alla mano, ho dimostrato che sull'aereo si verificano tutta una serie di emergenze che non possono essere affrontate in maniera adeguata dal personale navigante. Secondo i dati dell'Aviation Health Institute, un noto istituto inglese che si occupa di monitorare la salute dei passeggeri sulle principali compagnie aeree, ogni anno muoiono sugli aerei di tutto il mondo centinaia di persone.

Ma veramente? Perché?

Per emergenze varie: dall'infarto alla crisi ipertensiva, alla crisi asmatica, all'insufficienza respiratoria, alle aritmie cardiache. Ho combattuto per cercare di superare questa rigidità da parte delle compagnie aeree, per inserire a bordo degli aerei un medico, ma non un medico qualunque...

Che tipo di medico?

Un medico specializzato, una figura nuova, addestrato soprattutto a risolvere le crisi di panico e le numerose emergenze cui accennavo. Un professionista in grado di occuparsi della salute dei passeggeri specialmente nei lunghi viaggi.

Quando ha cominciato a occuparsi concretamente di problemi di panico?

Appena tornato dagli Stati Uniti. I giornalisti cominciavano a intervistarmi sulle mie ricerche e allora accadde un episodio particolare. Nel dicembre 1992 fui invitato da un'emittente televisiva a parlare di attacchi di panico. La fase preliminare dell'intervista fu condotta da una redattrice che poi sarebbe diventata mia moglie. Durante la conversazione, improvvisamente lei ebbe un malore e, dopo frettolose e imbarazzate scuse, si allontanò.

Dalla sintomatologia capii che si trattava proprio di un attacco di panico. La rassicurai dicendole che dopo la trasmissione avrei voluto parlarle, cosa che, di lì a poco, accadde. Le spiegai, tra l'altro, che era necessario iniziare quanto prima una terapia farmacologica, ma lei rispose: «Sa, sono anni che sto facendo psicoanalisi e mi rifiuto di prendere farmaci...». Cominciammo a frequentarci. Qualche mese dopo andammo insieme a Bruxelles a un congresso europeo sull'emicrania. Fu un viaggio tremendo...

Perché?

Perché lei aveva frequenti crisi di panico, ma non accettava di prendere farmaci. Fu un volo drammatico. Giunti a Bruxelles, le dissi che per me era difficile curarla visto che stavamo insieme. Le consigliai di rivolgersi a un altro medico. Lei ribadì: «No, io mi fido solo di te, ma non prendo medicine». Dopo il congresso mi comunicò all'ultimo momento che non sarebbe tornata con me in aereo. «Ma non esiste» replicai. «Stiamo scherzando? Io devo tornare a Roma, i pazienti mi aspettano...» «No, no, l'aereo non lo prendo, andiamo in treno.»

Iniziò un lungo braccio di ferro. Io ero molto combattuto: lei mi chiedeva di essere il compagno e contemporaneamente il medico. Alla fine, innervosito, le intimai: «O ti curi o ti lascio». Lei dichiarò ancora una volta che non aveva alcuna intenzione di prendere le medicine. «Benissimo» risposi io. «Io tornerò con l'aereo, tu con il treno. Però ti dico subito che da questo momento la nostra relazione finisce.» Io tornai con l'aereo e lei con il treno.

La storia finì lì?

No. Dopo due settimane lei mi telefonò e mi disse che si era convinta a fare il grande passo. Il rifiuto di prendere i farmaci è comune a molte persone che soffrono di crisi di panico. Hanno paura, una paura immotivata, che le medicine possano stravolgere quell'ossessivo controllo che le porta a monitorare ogni attività esterna e interna della propria esistenza. Ricordo che il primo frammento di compressa lo prese mentre eravamo abbracciati, come se fossimo in procinto di condividere qualcosa di terribile, un terremoto o un cataclisma, che poi non si verificò. Dopo una settimana, dieci giorni, si sentì meglio. Cominciò a riprendere progressivamente in mano la sua vita, a veder diminuire sempre più quegli attacchi di panico invalidanti che tante volte l'avevano portata al Pronto soccorso.

Quindi l'incontro con Maria Grazia, la sua futura moglie, confermò ulteriormente in lei la convinzione che doveva occuparsi di questo tipo di problemi.

Sì, sembrava quasi un segno del destino, perché la persona di cui ero (e sono) innamorato soffriva realmente di questo disturbo. Iniziò una nuova fase. Se lei si fosse curata subito, avrebbe avuto una qualità di vita migliore, soprattutto in un'età, 27-28 anni, in cui si ha voglia di fare progetti, di essere autonomi, di esprimere al massimo le proprie potenzialità.

Il panico è un corpo estraneo, una sorta di inquilino prepotente che, una volta dentro di noi, influenza le nostre azioni, i nostri comportamenti, spingendoci ad accettare una vita rinunciataria. E questo condiziona enormemente la nostra esistenza.

E sull'efficacia della psicoanalisi lei e sua moglie avete idee diverse?

Direi che le abbiamo avute e per questo ci siamo scontrati più volte in passato. Ora anche lei si è convinta che la psicoanalisi è stata soltanto un'opportunità di crescita, di maturazione. È utile per conoscere meglio se stessi, comprendere gli altri, per imparare a dire di no. Ma nulla di più. Far credere che sia una terapia efficace per curare gli attacchi di panico è, a mio avviso, una profonda menzogna.

Quando spiego ai miei pazienti gli effetti di questo disturbo, ricorro a una metafora: il primo attacco di panico è come una palla da tennis lanciata con grande forza su un tavolo coperto di lenticchie.

Bella!

Un meteorite che impatta sulla terra, facendo deflagrare gli equilibri preesistenti. Da quel momento la rete di neuroni subisce gravi alterazioni e quella persona avvertirà subito dopo un profondo senso di vulnerabilità, di fragilità. All'improvviso la sua esistenza le apparirà precaria.

Quindi, fino a poco tempo fa, la persona che soffriva di attacchi di panico preferiva andare dallo psicoanalista piuttosto che dallo psichiatra.

Direi ancora adesso, purtroppo. Infatti, la scelta dello psicoanalista è la prima che si compie quando si viene colpiti da un attacco di panico. Ma questo è, a mio parere, un errore. È pur vero che in anni non lontani si è esagerato, facendo un uso eccessivo di farmaci. Ma ora siamo passati a un altro abuso preoccupante, quello di una psicoanalisi no stop.

Qual è stato il periodo nel quale si faceva un uso eccessivo di farmaci?

Gli anni Novanta, epoca in cui fu pubblicato il libro del professor Gian Battista Cassano *E liberaci dal male oscuro*, in cui si sosteneva la radicalizzazione della terapia farmacologica, relegando gli psicoanalisti a un ruolo sussidiario, per non dire marginale. Forse si è esagerato. Gli psicoanalisti venivano considerati semplici «ancelle» che avrebbero dovuto solo ricordare al paziente l'orario della pillola. Questo, ovviamente, è stato piuttosto umiliante. Ora, però, i termini della questione appaiono rovesciati. Si assiste, infatti, a una ingiustificata demonizzazione del farmaco rispetto alla terapia psicoanalitica.

Non si deve pensare a un mio schieramento netto a favore del farmaco, che di per sé non è né buono né cattivo, non ha un'anima: è come il bisturi, dipende dal modo in cui lo utilizziamo. È demagogia affermare a priori che i farmaci sono sempre nocivi, e farlo credere significa privare il paziente di una importantissima chance terapeutica. Il rischio reale, se non si interviene tempestivamente, è che il panico si cronicizzi. Poi risulta molto difficile estirparlo.

Perciò, affermare che i farmaci sono inutili o addirittura nocivi quando vengono prescritti per curare gli attacchi di panico è un messaggio scorretto?

Molto spesso, sì. Nel corso della mia esperienza ultraventennale mi sono dovuto occupare spesso di pazienti che erano reduci da molti anni di psicoanalisi senza aver ottenuto risultati apprezzabili. A tale proposito, di recente ho conosciuto una signora cinquantenne che ha avuto il suo primo attacco di panico all'età di vent'anni. Da allora, per oltre venticinque anni, ha frequentato due volte alla settimana un'analista, che espressamente le proibiva di assumere medicinali, in quanto la sola terapia psicoanalitica l'avrebbe guarita.

Nel corso del tempo ha perso lavoro, fidanzato e amici perché le sue condizioni si sono progressivamente aggravate. Tutto ciò fino al momento in cui ho iniziato a occuparmene io, capovolgendo la filosofia dell'intervento e consigliandole farmaci curativi e con effetti collaterali minimi. Oggi la paziente gode di una buona salute psichica e ha ripreso ad amare la vita.

Lei, però, ha detto che la psicoanalisi è una opportunità di crescita e di maturazione. Oltre all'approccio farmacologico, che altro è necessario per la cura degli attacchi di panico?

Ritengo che i medici debbano seriamente recuperare il rapporto con i loro pazienti. Diventare un po' dei rabdomanti delle emozioni e dell'empatia, perché chi vive il panico, chi lo vive sulla propria pelle, ha bisogno di condividerlo con altri. E quando penso a questo disturbo mi viene in mente la metafora del «recinto», entro il quale il paziente si difende dalla paura e dal «dolore della paura». All'interno di questo recinto si trovano due inquilini: la solitudine e, molto spesso, la depressione.

Anche la depressione?

È noto che molti pazienti con attacchi di panico sviluppano nel tempo anche la depressione, a causa di una qualità di vita ormai «decurtata» e relegata a una condizione quasi esclusivamente vegetativa. Ne scaturisce, come indefettibile conseguenza, la mancanza di qualsiasi forma di autostima. Senza trascurare, poi, l'influenza della patologia su altri organi.

Oggi, per esempio, si parla di «second brain» (secondo cervello) in riferimento al colon. Quindi abbiamo un inquilino di sopra, il cervello, e un inquilino di sotto, il colon, un cervello «minore» che possiede, però, tutti i requisiti necessari per svolgere il ruolo di cervello accessorio. Molte persone trasmettono, anche se del tutto involontariamente, le proprie emozioni al colon e hanno una serie di disturbi legati proprio a una instabilità di quella parte dell'intestino.

Attualmente il suo lavoro qual è?

Ho da poco fondato e dirigo l'Ircap, Istituto per la ricerca e la cura degli attacchi di panico, che si occupa, in maniera specifica, di approfondire i molteplici aspetti che fanno parte del pianeta panico; al tempo stesso svolgo un'intensa attività clinica. Non trascuro altri progetti, tutti finalizzati alla più completa ed esaustiva conoscenza del fenomeno. Infatti, obbedendo a tale filosofia, vorrei estendere la mia ricerca oltre i confini nazionali, creando un osservatorio europeo.

«Panico», «paura», è importante distinguerli?

È importante fare questa distinzione, uscire da un'ambiguità semantica ed espressiva. È qui che inizia l'incomprensione tra chi soffre di attacchi di panico e chi non ne soffre, perché a una persona che ha un attacco di panico viene spesso chiesto: «Ma di che cosa hai paura?».

Le parole «panico» e «paura» indicano due situazioni completamente diverse. Considero l'attacco di panico la «bugia» del cervello, qualcosa che ci fa cadere in una sorta di trappola, di tranello... In quel momento il nostro cervello aziona un sistema di allarme, ma lo fa in modo inutile, dannoso e virtuale, perché l'esperienza che noi viviamo è un'esperienza soggettiva, il pericolo non c'è, anche se tutte le nostre reazioni e i nostri comportamenti sono finalizzati a superare il problema chiedendo aiuto o fuggendo.

La paura, invece, è un'emozione che risponde a un pericolo reale: un attentato terroristico, un terremoto, un'aggressione che mette seriamente a rischio la nostra sicurezza e incolumità, ecc.

Un pericolo reale...

Grazie alla paura il nostro cervello ci dice: «Combatti o fuggi», ed esprime tutta la nostra capacità di reazione dettata dall'istinto di sopravvivenza, dal desiderio di vivere.

Combatti o fuggi, lei dice. Ma non ci sono altre soluzioni?

In realtà ne esiste una terza, anche se è poco consueta nell'uomo. Si chiama «freezing», che letteralmente significa «congelamento», «blocco». È la paura che paralizza, il disperato tentativo di rimanere immobili di fronte al pericolo. Questo fenomeno si osserva più spesso nel mondo animale quando la preda, ormai vinta, si finge morta davanti al predatore per salvarsi la vita. E a volte la strategia ha successo.

In che modo lei cura gli attacchi di panico? In che cosa si differenzia il suo intervento da quello di altri medici?

Preferisco sempre utilizzare bassi dosaggi di farmaci che somministro in modo molto graduale. Questo mi consente di attivare quella spinta che serve al paziente per uscire dal famoso recinto. La terapia va sempre personalizzata. Esistono i protocolli, ma esistono, soprattutto, le persone.

Ho fatto una lunga ricerca su tutto quello che è stato pubblicato sulle fobie e gli attacchi di panico, e sono moltissimi i libri che trattano di questi disturbi, che ne spiegano le cause e forniscono una serie di soluzioni. Oltre alla psicoterapia e all'aiuto farmacologico, viene suggerita tutta una gamma di interventi «fai da te». Secondo lei, quali sono i limiti di queste pubblicazioni?

È proprio il concetto del «fai da te» che è sbagliato. Il paziente rimane solo e confuso, tende a fruire di questi metodi molto spesso in maniera inadeguata. E il problema nasce perché il paziente si sente un malato incompreso.

Faccio un esempio: la prima volta che ha un attacco di panico, il paziente va al Pronto soccorso perché è convinto di essere sul punto di morire, di avere una crisi cardiaca. Il medico, che spesso non è un esperto di attacchi di panico, effettua gli esami preliminari: l'elettrocardiogramma, il prelievo del sangue, la radiografia... «Tutto a posto» dice, rassicurando i familiari. «Non è nulla. Si tratta solo di un banale attacco di panico.» Una simile diagnosi offre la sponda ai familiari per dire: «Vedi, non è nulla, dipende tutto da te».

Già, il Pronto soccorso!

Sì, e all'inizio diventa un po' il luogo simbolo di questi pazienti. Comincia lì il loro calvario, ed è lì che si acquisisce l'etichetta, la patente, di malato immaginario. L'umiliazione di non essere creduti o compresi dagli altri è forse la sofferenza peggiore provata da queste persone.

Quindi, tornando ai suggerimenti dati da molte pubblicazioni, come il training autogeno, la meditazione, e così via, aiutano, non aiutano, sono controproducenti, sono inutili?

Possono dare l'illusione di un momentaneo sollievo, ma attenzione, perché il cervello non è un organo che va lasciato troppo libero in questo senso. Far credere al paziente che attraverso «docce» spirituali, meditative, possa guarire dagli attacchi di panico è assurdo. I rimedi alternativi o integrativi non hanno alcuna validità scientifica e, soprattutto, ingannano il paziente ritardando la diagnosi e la cura giuste.

II

I due volti della paura

Che cos'è la paura?

La paura è una straordinaria risorsa per l'uomo, un'emozione primordiale di difesa o di attacco...

Che avevano anche i nostri antenati.

Un'emozione ancestrale, originaria, endogena, costituzionale e, antropologicamente, di grande utilità per l'uomo che deve guardarsi le spalle da pericoli reali e potenziali, ma anche per ribadire, attraverso l'efficienza di questa emozione, l'istinto di sopravvivenza e quindi il mantenimento della specie.

Perché le risposte alla paura sono così diverse da persona a persona? C'è chi sfida il pericolo proprio per provare la sensazione della paura, chi risponde al pericolo con una sana paura, quella di cui ha appena parlato, e chi invece reagisce col panico, col terrore, solo immaginando il pericolo, quindi non vedendo il serpente, ma solo immaginando che possa esserci. Come mai queste differenze?

Per alcune persone la paura è come una droga. Oggi siamo in presenza di quella che potremmo definire una «addicted generation», cioè una generazione dipendente da stimoli, sensazioni, sollecitazioni che portano a cercare emozioni forti. Si arriva addirittura a sfidare la paura per la necessità di provare alcune emozioni da cui poi si diventa dipendenti. Si verifica, quindi, una sorta di tossicodipendenza senza droga.

Perché?

Perché la paura riesce, stimolando i circuiti del piacere del nostro cervello, a produrre delle sostanze, come la dopamina, che rendono più audaci e generano sensazioni di benessere, estasi, onnipotenza di cui poi non si può più fare a meno.

Qualcuno mi ha detto che in America esiste una pratica che prevede l'immersione in una vasca chiusa e con poca acqua, in modo da non sentire più il peso corporeo e provare la sensazione di essere tornati nel liquido amniotico. La persona che me lo raccontava lo faceva in modo entusiastico, mentre io la ascoltavo agghiacciata. Cioè, due reazioni totalmente diverse. Lei come lo spiega?

Le due reazioni sono l'espressione tangibile di quanto, di fronte ad alcuni stimoli come la paura, i comportamenti umani possono essere sorprendentemente diversi. Questo dipende, ovviamente, dalla predisposizione dell'individuo e dalle sue precedenti esperienze.

A tale proposito, recentemente un'antropologa americana ha dimostrato che una delle paure più diffuse, insospettabili, è la «ofidiofobia», cioè la paura dei serpenti. Perché ci sorprende? Forse perché di solito non ci capita di incontrare serpenti, tranne che non si vada nei boschi. La paura dei serpenti è una sorta di residuo atavico, ancestrale, antropologico di una situazione che 50 milioni di anni fa vedeva l'uomo riparare sugli alberi per sfuggire al rettile. Addirittura, secondo questa ricerca, grazie al serpente il nostro campo visivo si è ulteriormente specializzato e ampliato proprio per cercare di anticipare il movimento, il guizzo rapido e veloce dell'animale.

Nella registrazione della paura si parla delle amigdale. Che cosa sono?

Sono i «radar della paura», due corpuscoli a forma di mandorla sempre attivi. Abitano nella profondità del lobo temporale, una per ogni emisfero cerebrale, e fanno parte di una sorta di cervello nel cervello, chiamato «sistema limbico». Si allertano più o meno contemporaneamente, rappresentano l'epicentro della crisi di panico e lavorano anche in uno stato di subcoscienza, dandoci, in alcuni momenti, la possibilità di anticipare, di percepire, il pericolo imminente.

Qual è la differenza tra paura e fobia?

La fobia è una paura immotivata, irrazionale. Chi ne soffre si rende perfettamente conto dell'irrazionalità della sua paura, ma non riesce a vincerla, a dominarla, per cui solo l'allusione, il semplice pensiero del tipo di situazione che spaventa, può scatenare un attacco di panico. Se, per esempio, una persona ha la fobia dei cani, tendenzialmente sarà portata a evitarli in maniera ossessiva.

Quindi è una paura esagerata e immotivata.

Sì. Esagerata, immotivata e irrazionale.

Quali sono i tipi di fobie più diffusi?

Il mondo delle fobie è in continua espansione. Una fobia di cui si parla spesso in maniera impropria è l'«agorafobia». Si pensa che sia la paura della piazza, dei luoghi aperti, ma in realtà la parola indica il timore di allontanarsi dai luoghi che vengono considerati sicuri, confortanti e rassicuranti.

Una delle caratteristiche di chi soffre di attacchi di panico è di avere una «mappa» stabilita, un itinerario consueto da rispettare per evitare i pericoli potenziali. È una lista che col tempo si allunga sempre di più, arrivando a compromettere e a restringere drasticamente la libertà e l'autonomia. E allora si afferma una preoccupazione costante: garantirsi in ogni luogo la possibilità di allontanarsi urgentemente o di ricevere un aiuto immediato nell'eventualità che insorga un attacco. Insomma, si preferisce sempre giocare di anticipo.

La claustrofobia...

La «claustrofobia» è la paura dei luoghi chiusi, di rimanere bloccati, intrappolati, costretti a restare a lungo in un ambiente senza possibilità di un contatto con l'esterno. Questa paura genera un morboso e persistente pensiero, quello di essere vittima di un imprevisto, di un guasto che costringa a sostare in un posto temuto: gli ambienti troppo affollati, le gallerie, gli ascensori, ma anche le porte girevoli e le grotte. Chi ne soffre lamenta un senso di profonda oppressione, di soffocamento, accompagnato da palpitazioni e sudorazione diffusa. Disturbi che cessano appena usciti all'aperto.

Quali sono i luoghi più temuti dal claustrofobico?

Quelli che impongono una rigida limitazione spaziale, ponendo barriere e divieti. E allora entrare in banca può sembrare una impresa «rischiosa» per chi è costretto a rimanere in attesa per lunghi e interminabili secondi nei blocchi di vetro girevoli. C'è poi l'ascensore, e perfino la macchina. Chi soffre di claustrofobia rifiuta l'idea di sedersi sui sedili posteriori, soprattutto nelle auto a tre portiere, che non danno la possibilità di uscire subito se si rimane bloccati nel traffico o in galleria. Particolarmente temuta è la metropolitana, perché è il luogo dove in genere si verifica il primo attacco di panico.

Anche il cinema e i concerti fanno paura se si è stretti tra la folla.

Soprattutto se non si è in prossimità di una via di uscita rapida... Ma anche il ristorante, e le discoteche. E poi c'è il cinema, se non si è riusciti a conquistare le poltrone più esterne che consentono una eventuale rapida fuga.

Il volo è ovviamente una fobia dell'ultimo secolo. Quante sono le persone che soffrono di questo problema? Sono in aumento? Più uomini o più donne?

Secondo alcuni sondaggi, la paura di volare è in continuo aumento. Sembrerebbe, infatti, che circa il 25-30 per cento delle persone (dati, a mio avviso, molto inferiori rispetto alla realtà) abbia questo problema. Alcuni evitano tenacemente l'aereo, mentre altri mettono in atto una strategia pericolosa: assumere a bordo un pericoloso cocktail di farmaci e superalcolici. Questo miscuglio a volte è fatale perché può provocare emergenze difficilmente curabili in loco. È stata condotta una ricerca per analizzare la qualità dell'aria sugli aerei. Le misurazioni effettuate avrebbero stabilito che soltanto il 65-70 per cento dell'aria che si respira è aria pura, quindi ossigeno, mentre il 30-35 per cento è aria riciclata, quindi ricca del nostro gas di scarico, dello «smog umano»: l'anidride carbonica.

E perché non viene accuratamente smaltita l'anidride carbonica?

Sembrerebbe che le compagnie aeree, per ridurre i costi e per risparmiare carburante, chiudano l'«air pack», la strumentazione che consente di garantire il ricambio di aria durante il volo.

Con altri colleghi, ho compiuto delle verifiche per misurare l'effettiva qualità dell'aria a bordo di un aereo. Questa ricerca è stata realizzata insieme al professor Livio De Santoli, della Sapienza di Roma, uno dei massimi esperti italiani in materia di ventilazione ambientale. Gli è stato chiesto di analizzare l'aria non solo in aereo, ma anche in metropolitana, al cinema, nei teatri e in tutti i luoghi affollati.

Abbiamo scoperto che in aereo il tasso di anidride carbonica, un gas inodore e incolore, raggiunge concentrazioni molto elevate. Superiori a quelle che l'Organizzazione mondiale della sanità ha fissato come limite massimo oltre il quale è sconsigliato sostare all'interno di un determinato ambiente. Dati analoghi sono stati riscontrati anche nella metropolitana e in molti locali pubblici, dove non viene assicurato un adeguato ricambio d'aria. L'Oms ha stabilito che il tasso oltre il quale è preferibile non rimanere in un determinato luogo è di circa 1000 ppm, cioè parti per milione, di anidride carbonica.

Tali risultati ci autorizzano a ritenere che gli attacchi di panico nei luoghi chiusi si verifichino proprio per la presenza di un'alta concentrazione di questo gas nell'aria respirata. In altri termini, alcune persone che sostano a lungo in ambienti dove l'aria è troppo ricca di anidride carbonica potrebbero avere degli improvvisi, quanto inspiegabili, attacchi di panico, perché particolarmente «sensibili» a questo gas.

Che cosa succede in questi casi?

Una volta entrata nel nostro cervello, l'anidride carbonica va a stimolare dei recettori, delle «sentinelle ecologiche» localizzate nel nostro tronco cerebrale. Se una persona è sensibile a questo tipo di gas, potrebbe avere delle crisi di panico legate proprio a un suo eccesso nell'aria che respira.

Mi sono chiesto più volte: perché una persona, mentre è nel suo pieno benessere, in metropolitana, in aereo, o con gli amici a cena, a teatro, all'improvviso avverte un forte malore che la costringe urgentemente a uscire dal luogo in cui si trova? Perché, forse, in quel momento, il suo cervello la sta avvertendo che la qualità dell'aria è diventata poco respirabile, ed è perciò conveniente allontanarsi rapidamente. Il tasso di anidride carbonica all'esterno oscilla tra 300-350 ppm, mentre nei luoghi chiusi si arriva fino a 2000, 3000, 4000 ppm. Ecco che questo gas stimola nel cervello i recettori che convogliano poi il segnale ad altri centri nervosi, tra cui l'amigdala che, allertata, fa suonare l'allarme.

Ma ci sono delle compagnie aeree che si occupano di questo problema?

No. A tale proposito ho più volte sollecitato, anche attraverso organi istituzionali, la presenza di commissioni di inchiesta per monitorare la qualità dell'aria e migliorare gli standard per la sicurezza e la salute dei passeggeri.

Inutile dire che i miei sforzi sono risultati del tutto infruttuosi per l'ignavia del Parlamento, sostanzialmente indifferente a tale problematica.

Torniamo ad altre paure. C'è chi si paralizza solo all'idea di dover parlare in pubblico.

Si tratta di una fobia in grande aumento, che fa parte dei disturbi di «ansia sociale». Chi ne soffre ha paura di alcuni contesti sociali perché teme di essere catapultato al centro dell'attenzione. Ha paura di apparire goffo, impacciato, ridicolo, di non essere all'altezza della situazione, di subire il giudizio degli altri e di perdere il controllo davanti a tutti.

È una paura contemporanea?

Sì, si manifesta in un mondo che ci vuole tutti «condannati» a vincere e a piacere, per cui non avere la capacità di dimostrare le cosiddette attitudini e abilità sociali ci espone al rischio dell'inadeguatezza, della défaillance, del fallimento. Coloro che hanno questa paura soffrono tremendamente, in silenzio, preoccupati di non far trapelare il proprio disagio.

Alcuni cercano di vincere l'ansia sociale attraverso la droga.

Certo. Usano tutto ciò che enfatizza, potenzia la nostra capacità di sintonia con gli altri. Sostanze come la cocaina, la cannabis, gli alcolici sono protesi chimiche, rimedi diffusi, che rendono più disinvolti in contesti sociali dove si deve apparire brillanti, sicuri di sé.

Ho sentito parlare di un'altra fobia emergente: l'«ortoressia».

È la paura morbosa, ingiustificata, di mangiare cibo scaduto, temendo di rimanere intossicati: un pensiero che condiziona pesantemente la vita delle persone che ne soffrono, al punto da costringerle a rifiutare con tenacia un'alimentazione normale, perché convinte di poter essere avvelenate da cibi avariati.

Le fobie sono sempre esistite o sono un fenomeno contemporaneo del mondo occidentale?

Oggi la descrizione, la rappresentazione, la fenomenologia di alcune fobie non solo sono state documentate e certificate, ma hanno costituito lo spunto per sollecitazioni cinematografiche, libri, testimonial, ecc. Ora, grazie a tutto questo, abbiamo la possibilità di accendere i riflettori su alcuni disturbi di cui prima non si parlava. Sono stati di grande aiuto i racconti generosi di molti cantanti e attori, di personaggi pubblici, che hanno ammesso di soffrire di attacchi di panico, o hanno confessato liberamente le loro fobie. Anche alcuni campioni sportivi hanno dichiarato di avere paura di volare, o di aver bisogno di una serie di rituali scaramantici per tentare di sconfiggere le loro angosce. Si è così data la possibilità a coloro che soffrivano da molto tempo in silenzio di legittimare le proprie paure.

Della paura dell'aereo abbiamo già detto, ma per quanto riguarda altri tipi di fobie, se ne parlava nei secoli passati? Nel Medioevo si soffriva di fobie?

Certamente, ma alcune fobie spiccavano di più sulle altre. Ed erano legate alle grandi carestie, alla sopravvivenza, al problema della sicurezza e della incolumità personale. E contribuivano molto a determinare quella sorta di diffidenza sociale che si riscontra anche ai nostri giorni.

Sono aumentate le fobie dopo l'11 settembre?

Sono aumentate le paure, perché dopo l'11 settembre è cambiato il paradigma delle nostre emozioni, l'etica e l'estetica. Stiamo vivendo una sorta di paura collettiva, e mostriamo di non avere gli strumenti necessari per affrontarla in quanto, rispetto a essa, siamo vulnerabili (perché impreparati) e fragili. Inoltre, oggi assistiamo a una sorta di «pornografia della paura», perché essa ci viene presentata in tutte le modalità, senza che sia accompagnata da contrappesi, da paradigmi culturali, in presenza dei quali potremmo trovare vincente la via di «non aver paura di avere paura».

Il nostro cervello, se allenato, potrebbe costruire gli anticorpi psicobiologici necessari per affrontare la paura in maniera molto più efficace.

Visto che abbiamo parlato dell'11 settembre e delle nuove fobie, facciamo un accenno alla figura del kamikaze. È effettivamente un uomo senza paura?

Distinguerei innanzitutto tra i «veri» kamikaze, come i giapponesi durante l'ultimo conflitto mondiale, che provavano paura ponendo in atto un sacrificio «consapevole», e i kamikaze «moderni», che sembrano uomini senza paura. Ci troviamo paradossalmente nella situazione opposta a quella di chi soffre di attacchi di panico. Chi sceglie i futuri «candidati kamikaze», e non a caso li sceglie tra gli adolescenti, agisce su un cervello ancora non maturo, ancora non definitivo. Il cervello di un adolescente, infatti, ha una plasticità frenetica, è in continuo sviluppo, in esso avvengono le più importanti rivoluzioni biologiche e ormonali. È un organo molto influenzabile, nel senso che, in rapporto a stimoli mirati, può essere facilmente plasmato.

Esistono fobie che colpiscono soprattutto le donne e altre solo maschili?

Sì. Per esempio, è tipica dell'uomo l'incapacità di accettare i propri limiti, le proprie défaillance. Così alcuni individui abusano di cocaina perché è una droga che dà loro l'illusione di poter compiere prestazioni prodigiose. Le colpe sono da addebitarsi a una società protesa verso l'individualismo e verso il narcisismo, obiettivi che determinano poi un profondo senso di solitudine e inducono a inseguire il mito della perfezione assoluta.

Tipicamente femminile è invece la «dismorfofobia», cioè la paura che il proprio corpo sia o possa diventare brutto, deforme. Tale fobia è alla base del grande successo della chirurgia plastica: si inizia con lo spianare una ruga e si finisce col cambiare drasticamente il proprio aspetto fisico. L'illusione è ovviamente quella di credere che botulino e bisturi siano sufficienti per superare i propri disagi esistenziali.

Prima ha citato la cocaina. Che rapporto c'è tra droghe e fobie?

Molti fanno uso di queste sostanze perché attratti dagli effetti che producono sull'efficienza e sul rendimento, mentre altri ne hanno bisogno perché hanno paura di non essere abbastanza allegri, disinvolti o disinibiti. Sostengo da tempo che la cannabis e il suo principio attivo, il tetrahydrocannabinolo (Thc), nei soggetti predisposti può scatenare improvvisi attacchi di panico. Infatti, per alcuni adolescenti bastano poche boccate di un «superspinello» per rimanerne vittima. E ciò accade perché la concentrazione di Thc è oggi fino a dieci volte superiore rispetto al passato.

C'è un periodo dell'anno peggiore degli altri per chi soffre di queste angosce?

L'estate può diventare per alcuni la «stagione del panico». Perché coincide spesso con i drastici e temuti cambiamenti di vita e delle abitudini. Le vacanze, i viaggi, ma anche il forte disagio di subire un caldo da incubo. Infatti le temperature troppo elevate danno luogo a diversi disturbi, come il calo di forze, la sudorazione, le palpitazioni e l'abbassamento della pressione. Tutti segnali «pericolosi», che per molti preannunciano un imminente attacco di panico.

Chi è affetto da una fobia è perfettamente cosciente di soffrirne o potrebbe mentire a se stesso?

Spesso se ne rende conto. È consapevole del suo handicap ed è altrettanto conscio di dover mantenere un controllo costante per impedire che quella fobia, sempre in agguato, possa sorprenderlo e travolgerlo. Teme, infatti, la comparsa di sintomi spesso invalidanti. Ma anche il giudizio degli altri, che potrebbero etichettarlo come un individuo ridicolo.

In base alla sua esperienza, qual è la reazione più comune quando ci si rende conto di essere vittime di una o più fobie?

La fobia è la punta di un iceberg che crea un senso di debolezza, di vulnerabilità, ma anche di rabbia.

Mi viene in mente un episodio recente di una commerciante che aveva una fobia, tenuta nascosta per tantissimi anni. Aveva paura di firmare in pubblico un assegno, un rogito. Questa donna le aveva provate tutte: la psicoterapia, la terapia di gruppo, il training autogeno, ecc. Giunta a uno stato di disperazione, venne nel mio studio chiedendomi aiuto. «L'idea di firmare davanti agli altri» mi disse «mi fa diventare rossa, il mio cuore impazzisce, inizio a tremare e sono paralizzata dal panico.» L'ho curata medicalmente, con opportuni farmaci, liberandola dalla fobia che l'affliggeva.

Esiste un temperamento fobico, cioè una predisposizione a essere colpiti da fobie?

In genere lo si riscontra in persone perfezioniste, molto efficienti, eccessivamente pignole, portate a puntualizzare e ribadire ogni minimo dettaglio. Persone attentissime a controllare tutto ciò che succede intorno a loro, a sottolineare le cose che vanno male e quelle che vanno bene, ma che nel contempo hanno un grande successo nel lavoro perché questo tipo di carattere comporta serietà, professionalità e rendimento.

Un campo in cui gli studiosi non sono mai d'accordo è quello dell'ereditarietà. Che ruolo ha in queste malattie?

Ancora oggi non possiamo parlare di ereditarietà, ma di predisposizione genetica. Si può solo osservare, infatti, che spesso, nella stessa famiglia, esistono persone colpite da disturbi simili. Andando a indagare meglio nell'albero genealogico di quel nucleo familiare, si scorgono più componenti affetti dal medesimo disturbo o da uno simile, anche se questa affermazione non può essere generalizzata.

I bambini sono perfetti imitatori del mondo intorno a loro. Può accadere, per esempio, che un bambino, essendo in stretto contatto con i suoi genitori, possa essere «contagiato» e sviluppare in seguito gli attacchi di panico, o una fobia particolare, se il padre o la madre ne hanno sofferto in passato, o ne soffrono. Questo può verificarsi perché la paura, il panico, come le altre emozioni, possono essere assorbite, «imitate». A maggior ragione ciò accade nelle famiglie in cui la predisposizione genetica ha dato la possibilità a simili disturbi non solo di esprimersi, ma anche di consolidarsi.

Un temperamento fobico di solito è affetto da una sola fobia o da più fobie?

Possono verificarsi entrambe le eventualità. Un soggetto può avere una fobia unica, isolata, oppure un temperamento fobico, con fobie estese a più situazioni, che tenderà a evitare con cura. Le persone di cui parlo tentano disperatamente di controllare e selezionare le situazioni temute, ma questo controllo non può estendersi a tutto.

III

La chimica della paura

La fobia può derivare geneticamente dalla propria famiglia, può nascere dall'imitazione del comportamento dei genitori, ma può anche essere scatenata da uno shock, da un trauma. Per esempio: cadiamo da cavallo, ci rialziamo. La paura provocata da quella caduta dove va a finire?

Questo è un punto fondamentale e può aiutarci a comprendere la capacità che molte persone hanno di ricordare perfettamente, anche a distanza di tantissimi anni, il loro primo attacco di panico. Quando subiamo un forte spavento per un incidente stradale, un'aggressione, o se ci imbattiamo in un animale pericoloso, il cervello fa gioco di squadra e aziona velocemente i principali circuiti delle emozioni: l'amigdala, l'ippocampo e la corteccia prefrontale. La progressiva attivazione di questi centri certifica che si è verificato qualcosa di straordinario per noi.

Chi se ne accorge per primo?

Tra i primi ad allertarsi è l'amigdala, ed è grazie a lei se riusciamo a prendere le decisioni più rapide e opportune. Tutto ciò viene sottoposto, però, alla supervisione della corteccia prefrontale, una sorta di tutor del nostro comportamento, che ci fornisce il contributo necessario per intraprendere le scelte migliori.

L'amigdala registra, nel breve periodo, sia l'evento sia la paura che ne consegue. Agendo tempestivamente abbiamo buone possibilità di espellere quel ricordo negativo, ma ritardando il nostro intervento o utilizzando strumenti inadeguati rischiamo di depositare il ricordo in quella scatola nera del nostro cervello che è l'ippocampo, e il fatto-emozione verrà archiviato come un ricordo traumatico. L'ippocampo è una sorta di sismografo, di calcolatore permanente che custodisce le esperienze e i ricordi più significativi della nostra esistenza.

Infatti molti ricordano ancora il loro primo bacio perché è stato registrato e conservato in una maniera degna, in modo ampio, generoso, all'interno di questa scatola nera. Ora, nel caso di un ricordo negativo, se interveniamo precocemente riusciamo a eliminare quell'inquilino prepotente. In caso contrario, abiterà a lungo nel nostro cervello creandoci problemi che possono rendere difficile condurre una vita normale.

Quindi rimane il ricordo della paura, ma è una paura che potrebbe non influire negativamente sulla nostra qualità di vita?

Non è detto. Dipende molto da come viviamo le emozioni e dal ricordo delle esperienze precedenti. È importante dire che eventi banali per alcuni, per altri rappresentano veri e propri traumi che possono lasciare strascichi per tutta la vita. Una ferita che non si rimargina più. Va sottolineato poi che nel nostro cervello memoria ed emozioni viaggiano insieme. Un ricordo sarà tanto più indimenticabile quanto più è accompagnato da forti emozioni. Ciò ovviamente riguarda sia gli eventi belli sia quelli brutti.

Ci sono casi in cui un trauma, un'esperienza negativa, rimane come ricordo, però la fobia che ne consegue cambia obiettivo. Quindi non avremo la fobia del cavallo che ci ha disarcionati, ma magari avremo paura dei cani che non ci hanno fatto nulla. Come e perché accade tutto ciò?

Perché si verifica una sorta di scambio, di baratto tra un oggetto e un altro. È un modo per soffrire di meno a causa di un trauma subìto. In altri termini, la mancata elaborazione e superamento delle emozioni che hanno accompagnato quel fatto (evidentemente molto doloroso) determina nel tempo uno spostamento di ciò che è accaduto in qualcosa di profondamente diverso. Si tratta di una strategia protettiva da parte della psiche nei confronti di ricordi ed emozioni per lei laceranti, e perciò inaccettabili.

E quindi?

Quindi se non decido di affrontare il primo trauma e le emozioni a esso correlate, rischio di provocare un effetto a catena che può nel tempo destabilizzare il mio equilibrio. In questo caso la psicoterapia può aiutare a comprendere qual è la causa nascosta del mio problema.

Nel sogno possiamo provare delle fobie e delle forti paure?

Alcuni fanno sogni angoscianti, che a volte possono generare stati di profondo malessere psichico. Ma può accadere anche che, a prescindere dai sogni, qualcuno si trovi all'improvviso in preda a un terrore profondo. È allarmato dalle palpitazioni e dalla sudorazione diffusa. Spesso prova anche un senso di estraneità e distacco dal proprio corpo, come pure una certa difficoltà a riconoscere l'ambiente circostante. Sono fenomeni che creano una profonda angoscia nelle persone, le quali rischiano di diventare insonni perché temono, addormentandosi, di poter perdere il controllo di sé e prolungare quell'esperienza drammatica.

Per le fobie si parla anche di «ansia anticipatoria», nel senso che la sofferenza comincia molto prima che la situazione si verifichi. Perché?

Chi soffre di attacchi di panico vive una condizione di continua tensione che, nel tempo, lo logora sia fisicamente sia psichicamente. L'ansia ha una duplice origine: il forte ricordo dell'attacco e il timore di esserne ancora travolto. Si crea una sorta di barriera difensiva, di tipo sia emotivo sia biologico, che fa aumentare sensibilmente l'attività dei principali mediatori dello stress: l'adrenalina, la noradrenalina e il cortisolo. Sostanze che mantengono la macchina umana in uno stato di perenne tensione, simile a quella che si avverte lanciando l'auto a tutta velocità quando la strada non lo consentirebbe. Gli elevati livelli di ansia determinano una difficoltà a rilassarsi e di conseguenza un rendimento ridotto. Mentre un'ansia contenuta può essere utile perché ci aiuta a raggiungere certi obiettivi, quando è eccessiva diventa dannosa, perché l'attenzione, l'apprendimento e la memorizzazione ne possono risultare seriamente compromessi.

Lei ha detto che immagina le persone afflitte da fobie e attacchi di panico come se fossero chiuse in un recinto.

Il recinto è la barriera, la diga emotiva tra sé e il mondo. Il disperato bisogno di proteggersi da ogni rischio per soddisfare una necessità impellente, quella di non trovarsi mai a tu per tu con la paura. E allora nulla viene trascurato, perché gli spostamenti e le circostanze vengono pianificati nei minimi dettagli.

Queste persone accettano di recarsi in alcuni posti solo alle loro condizioni e quando viene loro garantita la possibilità di muoversi liberamente. Stabiliscono e impongono regole e abitudini di vita, a cui si attengono con scrupolo per evitare di essere sorprese dai pericoli improvvisi. Nei loro pensieri si afferma una priorità assoluta: l'*exit strategy*, la «via di uscita». Tendono a costruire mentalmente il tragitto ideale che deve soddisfare in pieno il loro bisogno di rassicurazione quando sono costrette a spostarsi all'esterno.

Alcune persone hanno attacchi di ansia e il cuore reagisce con le palpitazioni. Come si fa a controllare la reazione cardiaca?

Il cuore è uno dei bersagli preferiti del cervello e viene spesso sollecitato in tutte le reazioni da stress, a cui può rispondere con una consistente accelerazione del proprio battito o con un'alterazione del proprio normale ritmo, quello che i pazienti descrivono come un fastidiosissimo «tuffo al cuore». Tutto ciò può verificarsi in contesti diversi, ma alla base c'è sempre la percezione di una minaccia potenziale. Si tratta di meccanismi rapidi, efficienti, che scattano spesso al di fuori della volontà, perché in quei momenti ciò che prevale è la chimica del nostro cervello, che anticipa le nostre intenzioni e la capacità di controllo.

D'altra parte, in questo scenario, il neurone opera con estrema rapidità e decide molto velocemente se trasmettere un messaggio oppure no. Noi non ne percepiamo l'azione, ma ne cogliamo gli effetti sul nostro comportamento che, a volte, ci appare imprevedibile, se non addirittura bizzarro. Alla base di queste risposte ci sono i neurotrasmettitori, le molecole del dialogo, grazie ai quali le informazioni vengono trasferite da un neurone all'altro, con l'intento di favorire un obiettivo primario, e cioè la comunicazione tra le cellule.

Quanto ha appena spiegato può valere per tutti i cervelli, cioè per tutte le persone, o ci sono individui, per così dire, predisposti positivamente e altri predisposti negativamente a questo intervento della chimica?

Bisogna sempre partire dall'idea che ogni trattamento provoca nel singolo paziente risposte peculiari, specifiche. Perciò la terapia viene pianificata in modo non standardizzato, in ragione di quella diversità biologica che varia da individuo a individuo. Si utilizza una medicina piuttosto che un'altra, cercando di personalizzare il più possibile l'intervento terapeutico effettuato.

Quindi c'è un intervento calibrato rispetto al paziente, all'individuo-paziente nella sua specificità.

Sì, perché nella fenomenologia degli attacchi di panico il tipo dei sintomi, la modalità con cui il paziente li racconta, la partecipazione emotiva, il suo comportamento, forniscono fin dall'inizio utili informazioni per attuare l'intervento terapeutico più giusto.

Una scoperta relativamente recente è la somatizzazione. La somatizzazione riconosce una centralità assoluta al cervello e alle conseguenze che il disagio mentale può avere nel resto del corpo. Possiamo pensare che attraverso la molecola a cui lei chiede di intervenire, di agire, si possano addirittura curare altri organi del corpo umano?

Certamente. Non è raro osservare che a un disagio psichico possa corrispondere nel corso del tempo anche un disagio fisico. Infatti, nel paziente depresso si riscontra spesso una ridotta efficienza del sistema immunitario e la modificazione di alcuni parametri cardiaci. Oggi lo stress è diventato un fattore di rischio primario per alcune malattie che colpiscono il cuore e il cervello, come pure gli altri organi.

Ora, è chiaro che un organo così ramificato, così complesso, come il cervello riesce a raggiungere in maniera capillare qualunque parte del nostro organismo e a influenzarlo anche a distanza con sostanze, ormoni e neurotrasmettitori.

Può verificarsi che un paziente abbia disturbi cardiaci attribuibili a un disagio psicologico?

Si tratta di sensazioni sgradevoli di oppressione al cuore, di aritmia, di extrasistole o di accelerazione improvvisa del battito cardiaco. Durante una sofferenza psichica prolungata, il cervello può attaccare l'organo geneticamente più fragile, più vulnerabile in quel dato individuo. Il concetto di colon irritabile o di vescica irritabile sta a indicare un organo costantemente sollecitato, stimolato da sostanze chimiche che hanno di certo un'origine locale, ma che hanno soprattutto una sorgente a distanza che va ad alterare il funzionamento di quell'organo. Quando parliamo di colon spastico, ci riferiamo a un colon che si contrae e si turba, reagisce malamente perché le sostanze chimiche prodotte vanno a modificare la peristalsi, ne alterano la fisiologia.

Il cervello, che riveste un ruolo fondamentale di equilibrio tra i vari organi, deve seguire una «dieta» particolare?

Lei sta parlando, ovviamente, di tutto ciò che può favorire l'omeostasi, cioè il mantenimento di un certo equilibrio dell'organismo e quindi anche di quello cerebrale. Equilibrio inteso come equilibrio psicofisico. Va rilevato che il neurone (abbiamo circa 100 miliardi di neuroni nel nostro cervello con un numero elevatissimo di sinapsi, cioè di contatti) si nutre di due elementi essenziali: l'ossigeno e il glucosio, cioè gli zuccheri.

Negli ultimi anni vanno sempre più affermandosi sistemi nutrizionali drastici e pericolosi, in quanto tendono a escludere dalla dieta gli zuccheri, i carboidrati e alcuni aminoacidi, tra cui in particolare il triptofano, elemento di primaria importanza, indispensabile per la formazione della serotonina nel nostro organismo.

Quindi è necessario non privarsi completamente degli zuccheri e dei carboidrati, altrimenti ne risente il cervello.

Sì, perché la serotonina prodotta garantisce determinate funzioni: ci difende dalla depressione (anzi la combatte), dall'ansia, dal panico, dal dolore e ci aiuta a dormire. Inoltre contribuisce al funzionamento di quell'«orologio biologico» che scandisce il ritmo sonno-veglia. La mancanza di tale sostanza nuoce al cervello, che entra in uno stato di stress biologico, metabolico, nutrizionale. Occorre, pertanto, rispettare l'equilibrio della dieta mediterranea, costituita da un giusto cocktail di carboidrati, proteine e grassi.

Una dieta calibrata è la condizione imprescindibile affinché il cervello possa garantire l'equilibrio e la stabilità delle funzioni svolte. Privare quest'organo di sostanze fondamentali può favorire la comparsa di squilibri psichici e di disturbi del comportamento. In altri termini, le diete drastiche potrebbero essere l'anticamera di uno stress intenso, che può poi sconfinare in una depressione o in altre forme di disagio mentale.

Un neurologo dovrebbe anche indagare sul tipo di dieta che fa il paziente?

Dovrebbe farlo ogni medico. Indagare a fondo, conoscere le abitudini alimentari. Stabilire se, per esempio, il paziente negli ultimi tempi ha modificato radicalmente il suo regime alimentare, se sta dimagrendo troppo in fretta. Se sta assumendo sostanze anoressizzanti che possono alterare profondamente il funzionamento del cervello e favorire la comparsa di inspiegabili comportamenti aggressivi e impulsivi.

Bisogna soffermarsi sulle abitudini alimentari perché le diete squilibrate e senza un adeguato controllo specialistico possono essere l'inizio di un intenso e prolungato scompenso metabolico, dalle conseguenze imprevedibili.

Per esempio le amfetamine, gli eccitanti che prendono tanti studenti, o persone che vogliono dimagrire, sono deleterie per il paziente che soffre di attacchi di panico?

Le amfetamine sono farmaci anoressizzanti piuttosto popolari. Sono molto gettonate perché riducono drasticamente il senso dell'appetito ed esaltano il rendimento e l'efficienza di chi ne fa uso. Ma sono dannose perché causano dipendenza sia fisica sia psichica. Nei casi più gravi si rischiano gravi complicanze cardiache e un aumento dei comportamenti aggressivi e impulsivi. Queste sostanze alterano sensibilmente il «dialogo» tra i neurotrasmettitori e influiscono in modo negativo sui delicati meccanismi di funzionamento del nostro cervello.

Si sostiene sempre che l'amore, cioè l'affettività intensa, sia la migliore medicina per tanti disagi del corpo e della mente.

Qui si può dire tutto e il contrario di tutto. Comunque, quando scatta la scintilla, quella del «colpo di fulmine», si verificano nel nostro cervello una serie di cambiamenti che producono effetti sia psichici sia fisici.

L'innamoramento provoca, infatti, uno stato di transitoria alterazione di un equilibrio biologico preesistente. La persona innamorata vive una sorta di ossessione nei confronti dell'amato, è portata a enfatizzare tutte le cose positive e ad annullare quelle negative. Questo si concretizza in una «sferzata chimica» per il nostro cervello che sicuramente dà un certo vigore, una scossa che induce ad allontanarsi da altri problemi: si vive in funzione di chi si ama.

Quali sono le principali sostanze chimiche che vengono mobilitate?

Sono molteplici, e cioè la feniletilamina, la noradrenalina, le endorfine e la dopamina. Quest'ultima è una sostanza che svolge diversi ruoli, ma si è appurato che la sua carenza è in qualche modo responsabile anche di alcune forme di depressione.

In altri termini, un intervento dall'esterno, che tende a stimolare nel cervello la produzione di maggiore dopamina, riesce ad avere un certo effetto antidepressivo. Effetto prodotto, per esempio, dall'innamoramento.

La «chimica dell'amore», però, è portata a esprimere il massimo delle sostanze in un arco di tempo limitato, che varia da persona a persona. Raggiunto il picco c'è una fase di adattamento. Poi subentrano altri sentimenti, ugualmente importanti perché rafforzano il legame dandogli maggiore stabilità. Anche perché l'amore, a differenza dell'innamoramento, comporta un progetto di vita. Aumentano quegli ormoni che rinforzano l'unione: l'ossitocina, la vasopressina e la dopamina.

Ma l'affettività, più in generale, può scatenare la produzione di questi ormoni che aiutano nelle depressioni minori?

È vero che avere una vita di relazione completa con degli amici, dei progetti, un lavoro soddisfacente e gratificante può essere una sorta di protezione nei confronti della depressione; però è altrettanto vero che ci sono molte persone pienamente realizzate che, all'improvviso, si scoprono affette da questa malattia.

Una volta si parlava di esaurimento nervoso. Ecco, forse la parola «esaurimento» può essere riproposta per farci capire che quella persona ha «scaricato» le batterie, ha esaurito le scorte di serotonina e di altre preziose sostanze prodotte dal cervello. La depressione si verifica per l'incontro di una predisposizione genetica, quindi di un aspetto biologico, e di un'interazione ambientale, psicologica, culturale, sociale, relazionale, affettiva.

Si dice sempre che l'ansia, la depressione, le fobie sono figlie del nostro mondo, del mondo occidentale, della ricchezza, del benessere e che in momenti difficili come carestie, epidemie e guerra non si manifestano. È così oppure le persone che hanno una predisposizione genetica ad avere crisi d'ansia, attacchi di panico e depressione possono soffrirne anche in situazioni estreme?

Ubi maior minor cessat, cioè in presenza di un'emergenza più grave l'uomo è portato a mettere in secondo o in terzo piano il disagio psicologico perché proiettato a preoccuparsi di quello che può garantirgli la sopravvivenza.

Inoltre, quando ci troviamo di fronte a una calamità naturale, a una carestia, a un dissesto idrogeologico, a un terremoto, c'è una condivisione, una percezione collettiva del pericolo.

Il «mal comune mezzo gaudio» ancora oggi rimane una forma di terapia praticata. Condividere lo stesso dolore lo rende più sopportabile e può a volte dare un momentaneo sollievo.

Questa visione alchemica dei disagi psicologici, in cui si parla di molecole, di dopamina, serotonina, ecc., non esclude tutti coloro che hanno una visione diversa della vita e delle sue manifestazioni, coloro che vivono attraverso i canoni della fede?

Attualmente la scienza medica ha raggiunto un elevato livello di affidabilità, dandoci la possibilità di approfondire certi fenomeni. Dispone di metodi diagnostici e di ricerca che consentono, per esempio, di osservare, spiare il cervello mentre funziona. Grazie a questi progressi siamo arrivati gradualmente ad accettare e condividere una via laica per affrontare il dolore, che ci porta ad assumere dei farmaci per combatterlo a fondo. Ora, mi chiedo, perché non ammettere lo stesso percorso, quello farmacologico, per affrontare la paura in tutte le sue forme, dalle fobie agli attacchi di panico? Il farmaco in questi casi non è certo «la coperta di Linus».

A proposito della fede, penso che entrare in contatto con il trascendente sia anche una forma di riflessione, un modo di raccontare il nostro dolore, la nostra angoscia a chi sta al di sopra di noi. Indubbiamente, pregare fa bene, perché è una pratica antropologica connaturata a ognuno di noi, in particolare nei momenti di difficoltà. Ma io sono soltanto un uomo di scienza, e ai suoi precetti mi devo attenere.

La ritualità può essere utile nei confronti degli attacchi di panico e dell'ansia? Penso all'«om» dei buddisti, o al rosario snocciolato dalle vecchiette, ma potrebbe anche essere l'attività del collezionista che controlla le sue monetine, i francobolli. Tutto ciò che impegna la mente può servire?

Bisogna avere un estremo rispetto nel giudicare scelte e comportamenti lontani dal nostro credo e dai nostri principi. Penso comunque che tutto ciò che ci aiuta a recuperare il fiato, a rallentare questo modo frenetico di vivere, quest'ansia, possa servire a ritrovare un equilibrio migliore. La meditazione è una forma di riflessione profonda, di introspezione, che fa ripartire il dialogo con se stessi, che aiuta a riscoprire dei valori e ad abbassare quella tensione che ci rende tutti più inquieti e insoddisfatti.

Ma attenzione, far credere a una persona che attraverso la meditazione uscirà dal tunnel della depressione o degli attacchi di panico può essere pericoloso. Vuol dire abbandonarla a se stessa, in balìa di un disagio che avanza. Perché poi questi disturbi peggiorano, e allora si vive un grave senso di frustrazione e di fallimento per aver avuto fiducia in una soluzione diversa rinunciando a cure efficaci.

I congiunti, gli amanti, gli amici possono essere di aiuto?

Non c'è dubbio. È molto importante sia il contesto familiare sia quello degli amici più cari. Non è auspicabile, però, che qualcuno ti dica soltanto: «Reagisci, tirati su». Talvolta può essere determinante, invece, che un amico ti induca a cercare il medico giusto.

Bisogna essere molto espliciti e sottolineare che da soli non si può uscire da queste situazioni. Bisogna stimolare chi soffre di attacchi di panico o di depressione a ribellarsi, ad accettare e seguire correttamente la cura. Ma se non ci si ribella, se non siamo noi i primi a voler tornare a essere quelli di una volta, sarà difficile per chiunque spingerci fuori da quel recinto dove rischiamo di rimanere per tutta la vita.

Con i miei colleghi siamo riusciti, attraverso una risonanza magnetica funzionale, a catturare le immagini di un attacco di panico esattamente nel momento in cui si verificava nel cervello di una persona. Ne abbiamo ricavato delle immagini molto suggestive che ci mostrano quali parti del cervello si accendono nel momento del panico. Questo documento scientifico dimostra in modo conclusivo, definitivo, che un attacco di panico non è né un'invenzione, né un capriccio, ma è un evento che incide sul cervello in modo significativo.

Facciamo un esempio. Una persona sente che un attacco di panico è in agguato, ne percepisce i segnali premonitori. La mente passa in rassegna tutti i motivi conosciuti per poterlo allontanare, spiegare, respingere. Ribèllati, le dice. Così la persona si ribella all'attacco che sta arrivando e che ormai è in corso, perché bastano pochi minuti per scatenarlo. Ma il cervello, pur rendendosi conto della dinamica in atto, non riesce a intervenire per placare lo stress.

Attenzione: «ribèllati» vuol dire «cùrati». Altrimenti, nel caso degli attacchi di panico, senza i farmaci appropriati quella persona sarà puntualmente travolta. E ciò indipendentemente dalle sue capacità di resistere o di reagire. Per prima cosa definiamo lo stress. Con questo termine indichiamo la reazione e la tensione che si crea nel nostro organismo quando dobbiamo adattarci a uno stimolo, a una sollecitazione di varia natura. Noi ne percepiamo i segnali, che possono essere lievi o di una certa intensità. Può essere uno stress breve, oppure protrarsi nel tempo perché il cervello ha difficoltà a prendere le giuste misure. Convivono in noi, sostanzialmente, due dimensioni: quella razionale, che fa prevalere la capacità di critica, di giudizio e di discernimento; poi c'è la dimensione emotiva in cui a prevalere non è la ragione, ma una certa istintività.

Mi sembra che nell'uomo contemporaneo tenda ad avere la meglio sempre di più la componente emotiva, impulsiva, istintuale...

Sì, più andiamo avanti e più i nostri comportamenti assomigliano a quelli degli animali. Mi sembra prevalga un'azione istintiva priva della dovuta cautela. Spicca un'impulsività sorprendente, sconcertante, perché spesso senza controllo, sganciata dal «freno» della cosiddetta «corteccia frontale», quella parte del nostro cervello provvista di maggiore esperienza, saggezza, che dovrebbe mediare per aiutarci a inibire le nostre principali pulsioni. E allora emergono i comportamenti impulsivi, rabbiosi, in un mondo che ci chiede soprattutto di agire di fronte agli aspetti più imprevedibili della nostra esistenza.

Il cervello dell'uomo contemporaneo appare sempre in affanno, tutto proteso a imprimere la massima velocità e il maggior rendimento possibile. Ciò, ovviamente, a discapito della nostra capacità di pensare, prima di agire.

Eppure si dice che questa è un'epoca nella quale l'uomo ha perso la sua dimensione istintiva per muoversi in un percorso razionalistico fatto di calcoli, di opportunismo e strategie. La nevrosi dell'uomo di oggi non è basata proprio su questa perdita? Ora lei sta dicendo l'esatto contrario...

Il nostro cervello ha subìto processi evolutivi che lo hanno profondamente trasformato da organo capace di fornire risposte semplici, immediate, a organo assai complesso, fornito di quella corteccia cerebrale grazie alla quale l'uomo moderno è provvisto di discernimento e di razionalità.

Oggi, però, sembra che riflettere sia diventato sconveniente in una società che ci domanda in modo esplicito di soddisfare richieste che inducono a interpellare sempre meno la parte del cervello il cui contributo è invece necessario per giungere a decisioni più equilibrate.

Anche il fenomeno delle gang e degli omicidi di gruppo spingono a pensare che ci sia una mancanza di discernimento e di controllo degli impulsi: tu segui il leader e fai cose atroci, magari aiutato anche dalle droghe. Non credo che fosse così diffuso questo fenomeno nel passato…

La presenza del leader all'interno del gruppo rappresenta ormai per molti adolescenti l'unica forma di autorità e di disciplina ancora riconosciuta e rispettata. Sia la scuola sia la famiglia hanno infatti definitivamente esaurito la capacità di svolgere quel ruolo formativo. Ciò che prevale tra gli adolescenti è riconoscersi nella gerarchia del gruppo e non nella moltitudine dei valori condivisi e rispettati come assoluti.

Ho di recente annunciato la comparsa di un fenomeno nuovo che si sta diffondendo rapidamente, la «pedofobia»: i genitori hanno paura di educare i loro figli per il timore delle loro reazioni. I giovani di oggi, molto più rispetto alla «gioventù bruciata» di un tempo, mi danno l'idea di essere come macchine senza freni lanciate ad altissima velocità. Sono privi del contributo formativo e pedagogico che può dare soprattutto la famiglia. Siamo passati dal paradigma del padre padrone al «nemico» in casa. Ovviamente questo fenomeno trova poi un suo sbocco naturale nel gruppo che, con le sue regole, i suoi riti e le modalità di accesso, mostra di essere molto attraente per i ragazzi.

IV

In perenne stato di attesa

L'ansia può essere positiva quando si limita a suonare un campanello d'allarme.

Sì, è quella spinta preziosa che percepiamo quando vogliamo raggiungere degli obiettivi, superare i pericoli e le difficoltà della vita. È quella scossa che al momento opportuno ci dà forza e lucidità per agire, per sfruttare al meglio le nostre energie. È quella giusta dose di timore e apprensione necessaria a neutralizzare le insidie a cui l'essere umano è costantemente esposto. L'ansia può essere quindi, entro certi limiti, un vantaggio se ci aiuta a conquistare un equilibrio migliore.

C'è anche chi ne è privo?

È raro, più che altro non l'esprime. Ci sono invece persone che manifestano apertamente l'ansia: aumentano la pressione arteriosa e il battito cardiaco, la sudorazione e il livello di attenzione, perfino un po' la concentrazione. Questa è un'ansia positiva, un'ansia buona, perché migliora anche la nostra capacità di memorizzazione, di archiviazione di dati per noi importanti. Ma se la quantità d'ansia diventa eccessiva, allora le prestazioni saranno deludenti, non riusciremo a sfruttare completamente le nostre potenzialità, non potremo raggiungere l'obiettivo.

L'ansia eccessiva può condurre all'insonnia?

L'insonnia è un sintomo, raramente una malattia. È una sorta di showdown, di resa dei conti con se stessi, di momento della verità. Può essere un segnale di sofferenza psicologica che va approfondito, indagato, anche per le conseguenze che può causare nella vita delle persone. A volte, invece, è la spia dell'inizio di uno stato ansioso o di una depressione. C'è chi lamenta difficoltà a addormentarsi, oppure un sonno frammentato, che si interrompe più volte dando la sgradevolissima sensazione di non aver riposato.

Quindi l'ansia può impedire di dormire, ma può anche scatenare fenomeni di sonno continuo?

Mah, questo probabilmente è più frequente nella depressione, che porta a desiderare di prolungare il sonno, il riposo, mentre in realtà provoca il rifiuto, la vergogna di incontrare altre persone. L'ansia è diversa. Tutti i suoi indicatori convergono nello stimolare maggiormente alcuni organi. Ci si alza la notte, si va più spesso di corpo, si combatte con la colite sempre in agguato. L'eccesso di chimica prodotta colpisce alcuni organi portandoli a un livello di esasperazione, di superlavoro.

Quindi l'ansia porta a una maggiore attività, non alla paralisi, a un atteggiamento passivo.

Sì. Ma, a volte, dall'eccessiva attività si può arrivare alla paralisi, il «freezing», di cui abbiamo già parlato.

Quando si è cominciato a studiare l'ansia? Molto tempo fa o più di recente?

È dagli anni Ottanta che il Dsm, il manuale diagnostico e statistico dei disturbi mentali, ha classificato e raccolto tutte le forme di disagio mentale: disturbi dell'umore, dell'ansia, del comportamento, ecc.

Nel capitolo sui disturbi d'ansia troviamo l'attacco di panico, l'agorafobia, il disturbo di ansia generalizzato, quello legato a malattie mediche, all'abuso di sostanze, nonché l'ansia sociale, il disturbo post-traumatico da stress, quello ossessivo compulsivo. Di tutti vengono descritti i vari sintomi. Tali descrizioni consentono di riconoscere la sintomatologia, ma offrono anche la possibilità di trovare un linguaggio condiviso, utile agli addetti ai lavori sia per confrontarsi sui profili comportamentali tipici sia per comunicare i progressi e i risultati delle ricerche acquisite nel campo.

L'ansia porta anche ad avere problemi sessuali?

È l'ansia da prestazione. Ci sono persone che si sentono perennemente messe alla prova, condannate a esibire, a dimostrare, a confermare le proprie capacità sessuali.

Uomini e donne?

Sì, entrambi. Per l'uomo l'ansia da prestazione può condurre all'eiaculazione precoce, perché condiziona le risposte biologiche e ormonali legate al rapporto sessuale. Questa poi è l'anticamera di altri problemi psicologici che portano al rifiuto di avere rapporti per il timore di non essere all'altezza della situazione.

E per la donna, invece? La frigidità può essere dovuta all'ansia?

Anche la donna, in un'epoca di indubbia e conflittuale emancipazione, cade nella trappola del rendimento e dell'ansia da prestazione. Ma soprattutto in lei emergono maggiormente le contraddizioni che la vedono impegnata su tutta la linea, in diversi ruoli, a volte a discapito di quello che riguarda la sfera sessuale. Inoltre, la donna riesce a provare sempre meno piacere rispetto al passato. Questo è dovuto alla mancanza di preliminari, di attenzione e al modo sempre più frettoloso di vivere la sessualità. Per contro, l'uomo tende a proteggere disperatamente la propria identità di maschio per non entrare in conflitto con tutto ciò che invece la mette in discussione.

L'ansia può indurre anche a provare una profonda stanchezza? Una persona molto ansiosa può essere perennemente stanca, con difficoltà di concentrazione, esausta?

Chi è perennemente ansioso è più predisposto a essere stanco perché non riesce a smaltire quegli ormoni dello stress che, se da una parte lo aiutano a raggiungere degli obiettivi, dall'altra si accumulano influendo negativamente sul corpo e sulla psiche. Il risultato è la sensazione di essere sempre sotto pressione e di portare un peso eccessivo.

Come alleggerire questo peso?

L'attività fisica è una straordinaria modalità per smaltire l'eccesso di stress. Le persone hanno un concetto sbagliato dell'attività fisica perché pensano che possa sottrarre energie. In realtà serve a recuperare le forze, a ricominciare da zero. Lo sport, però, va praticato soprattutto al mattino, al limite al pomeriggio, mai alla sera.

Perché, che cosa succede la sera?

Praticare lo sport in ore serali vuol dire remare contro i nostri ritmi biologici. Il cervello, infatti, ci stimola e ci garantisce di giorno quella quantità di stress «buono» necessario per raggiungere degli obiettivi. Ma verso sera inverte la rotta e riduce gradualmente tutti gli ormoni dello stress, perché abbiamo già usato le nostre maggiori e migliori energie. Perciò, sollecitare ancora il corpo la sera, la notte, anche con attività cognitive impegnative, vuol dire riaccendere l'interruttore del cortisolo, l'ormone che il nostro organismo tende ad abbassare per consentire il riposo degli organi. Se la produzione di questo ormone rimane a lungo elevata, può favorire il diabete, le malattie cardiache, con conseguente comparsa di palpitazioni e aumento della pressione arteriosa. Ciò non dovrebbe accadere durante la notte, perché questa fase è necessaria per ritrovare i ritmi lenti, utili al cuore per recuperare preziose energie.

Un fenomeno abbastanza moderno è quello di volgere il pensiero verso più cose contemporaneamente.

È fondamentale che la nostra attenzione sia indirizzata a raggiungere un solo obiettivo. In altri termini, dobbiamo selezionare quello che per noi è prioritario. Altrimenti rischiamo di compiere gesti pericolosamente automatici.

Gesti che tenderemo a non ricordare. Può accadere allora di parcheggiare la macchina in modo distratto perché stiamo già pensando a cosa dobbiamo fare in ufficio e a quali saranno le prime telefonate da effettuare. Quando poi abbiamo finito e cerchiamo la macchina, non ci ricordiamo dove l'abbiamo lasciata.

Non è la nostra memoria che non funziona, è il cattivo utilizzo che ne facciamo. Lo sa bene il popolo, sempre più numeroso, della «multitasking generation», persone costrette a operare su più fronti insieme, ricavandone spesso prestazioni mediocri o deludenti. Il loro cervello è sempre più sollecitato, non riesce a tenere il passo, sovrastato com'è dalle comode tecnologie, da quelle scorciatoie che però, alla lunga, impoveriscono l'efficienza e la creatività di quest'organo.

Tra i disturbi d'ansia troviamo il disturbo post-traumatico da stress. Che cos'è?

Riguarda le persone che hanno vissuto una situazione di eccezionale pericolo per la propria vita o per quella dei propri cari. Un pericolo tale da determinare la morte o da produrre gravi conseguenze per la loro salute: un trauma di eccezionale intensità, in grado di creare in chi lo subisce un fortissimo stress, da cui poi risulta molto difficile riprendersi.

Che tipo di stress? Mi faccia qualche esempio.

Le donne vittime di una violenza sessuale, i sopravvissuti a un attentato terroristico che ha causato una strage, oppure una persona che viene rapita e tenuta a lungo in ostaggio, o che ha subìto un'aggressione con minaccia di morte. Ma anche chi viene coinvolto in un disastro naturale che stermina la sua famiglia. In queste e altre situazioni l'entità del trauma è di tale importanza che ne risulta fortemente danneggiato l'equilibrio di chi lo subisce. Le conseguenze sono spesso drammatiche e causano una ferita molto difficile da rimarginare.

Una ferita?

Sì, un ricordo lacerante. Un ricordo che sanguina, che si ripropone in modo improvviso, violento, sotto forma di rapidissime immagini, brevi sequenze che perseguitano chi ha subìto il trauma.

Ma allora anche dopo quell'ormai indimenticabile 11 settembre...

Un incubo che ha determinato la morte di oltre tremila persone, facendo salire enormemente i livelli di guardia di alcune forme di disagio mentale, tra cui gli attacchi di panico, la depressione, ma soprattutto il disturbo post-traumatico da stress.

Sono immagini indelebili: le Torri Gemelle che in pochissimi secondi si afflosciano, lasciandoci tutti di stucco. Uno scenario agghiacciante.

Già, agghiacciante. Ha creato uno shock planetario perché ha riguardato non solo i sopravvissuti o le persone direttamente coinvolte ma anche chi, lontano dal luogo della tragedia, ha partecipato attraverso le immagini, i racconti e le testimonianze. Una sciagura che è stata vissuta da tutti con pieno e immediato coinvolgimento emotivo. Ha determinato una totale identificazione con le vittime e i loro familiari. Inoltre, le sequenze sono state riproposte all'infinito, creando un effetto esponenziale, moltiplicatore dell'ansia a livello globale. Non ha esagerato chi ha utilizzato l'espressione di «secolo della paura» per sottolineare il livello epocale raggiunto da quella tragedia.

Che vuole dire?

Voglio dire che mai come in questo caso, nella storia dell'umanità, c'è stata una copertura mediatica così ossessiva con una tale quantità di immagini, documenti, dettagli, diventati poi i simboli di quel tragico giorno rimasto scolpito nella memoria di tutti. Immagini che hanno fatto lievitare le nostre reazioni emotive destabilizzando a lungo la comunità internazionale.

Se la prende con i media?

No. Ma hanno creato un effetto da «fine del mondo». Si è involontariamente assecondato l'obiettivo dei terroristi che era quello di dimostrarci, al di là di qualunque forma di immaginazione possibile, con quale violenza e precisione possono colpirci. Ma soprattutto che da allora, in ogni luogo, nazione o paese nessuno può veramente sentirsi al sicuro. Gli effetti collaterali di questo modo spregiudicato di fare comunicazione sono soprattutto di tipo psichico e gli indicatori epidemiologici ce lo hanno confermato.

Torniamo al disturbo post-traumatico da stress. Chi ne soffre maggiormente?

Donne, bambini, anziani. Sono loro i più indifesi. Hanno minori possibilità di superare indenni le fasi successive al trauma, essendo maggiormente vulnerabili alle sue conseguenze.

Ma perché, come reagiscono?

C'è trauma e trauma, come pure modo e modo di reagire a esso. Le risposte emotive variano notevolmente, per tempi e modalità, da persona a persona. Alcuni all'inizio sembrano reagire bene all'accaduto, salvo poi crollare inaspettatamente. Altri, invece, mostrano sin dal principio gravi difficoltà a distogliere la mente dalla tragedia vissuta, e allora sviluppano sentimenti di profondo sconforto, pessimismo, ansia, con un ridotto interesse verso la propria vita e quella altrui.

Ma che cosa accade nel loro cervello?

Di fronte a certe immagini il nostro cervello non è uno spettatore passivo, distratto. Al contrario, registra e assorbe tutto per poi restituircelo impietosamente. Anche molti soccorritori giunti sul luogo di un disastro riportano in seguito conseguenze a livello psichico che si protraggono a lungo. Rimangono scioccati per sempre da ciò che vedono, che sentono, dalle voci e dai rumori.

Si verifica in molti di loro il fenomeno del flash-back, caratterizzato dalla comparsa improvvisa di immagini, scene e particolari vissuti sul posto della tragedia, che non riescono mai più a dimenticare.

Una vita che scorre tranquilla e poi improvvisamente ci si trova catapultati in una realtà allucinante.

Sì, perché le conseguenze dei traumi di vasta portata innescano delle reazioni a catena che li rendono ancora più gravi e difficili da ammortizzare. Proviamo per esempio a pensare ai sopravvissuti di un grande terremoto. Ancora esausti e sconvolti per la perdita dei loro familiari, devono fare i conti con un'altra sciagura, la distruzione della loro casa. Subentra allora lo stupore, lo sbigottimento e la disperazione profonda.

Si sentono abbandonati, soli, indifesi.

In un attimo si infrange, si dissolve il sogno di tutta una vita. Quello di una casa desiderata e realizzata con stenti e sacrifici. Magari tramandata da padre in figlio. E ora improvvisamente annientata da una scossa di pochi secondi. Secondi in cui crollano anche ricordi, affetti, emozioni e circostanze mille volte vissute. Molti di loro non reggono, è uno stress fatale con scarse possibilità di ritorno alla normalità.

Il disturbo post-traumatico da stress sembra una forma di disagio che appartiene a un'epoca sempre più caratterizzata da eventi critici, conflitti bellici e calamità naturali. Un mondo che subisce violenti cambiamenti climatici e vive con l'incombente minaccia del terrorismo. Insomma, un disturbo dei giorni nostri. O no?

È soprattutto negli ultimi anni che l'interesse dei ricercatori, alla luce di tragedie umanitarie sempre più frequenti e documentabili, si è ulteriormente rivolto ad approfondire e definire le dimensioni e l'impatto che certi fenomeni possono provocare nell'uomo. Sono stati analizzati così gli effetti del trauma e il conseguente stress che in alcune condizioni di eccezionale gravità possono, singolarmente o collettivamente, colpire il genere umano.

In passato, i racconti di «cedimenti» drammatici su base nervosa hanno sempre accompagnato la storia dei principali conflitti dell'umanità. È prevalsa per lungo tempo la tesi di una presunta sindrome da combattimento, da guerra. Poi si sono accesi i riflettori sul Vietnam e sulla lunga e sanguinosa guerra da cui era sconvolto. Sono stati allora studiati il comportamento e le reazioni emotive di quei soldati che venivano richiamati dal fronte perché mostravano segni di un grave tracollo che poteva compromettere seriamente il loro equilibrio e la loro incolumità. Si è quindi arrivati a ipotizzare una «sindrome da Vietnam».

Che riguarda solo i reduci, i sopravvissuti.

Ma anche una categoria insospettabile, quella dei veterani, che per la loro prolungata esperienza nelle zone di guerra dovrebbero avere i nervi d'acciaio. E invece...

E invece?

E invece è troppo anche per loro. E il punto sta proprio qui, quello dei traumi ripetuti, di una dose di stress che col tempo ti logora e alla fine diventa letale. Si accumula e arriva a fiaccare la resistenza psicologica anche dei più forti, fino a decretarne il crollo sia psichico sia fisico.

La comunità scientifica si è quindi «accorta» dell'esistenza di un disturbo circoscritto a tutte le situazioni in cui il tipo di trauma e di stress erano di eccezionale gravità.

È così. E la guerra del Vietnam ha involontariamente rappresentato una sorta di laboratorio naturale, il prototipo ideale per studiare a fondo quali effetti dannosi si possano produrre per il nostro equilibrio, per la nostra salute, quando, in uno scontro folle e drammatico, l'uomo, tentando di sopraffare un altro uomo, annienta se stesso.

V

L'«urlo» del cervello

Io mi chiedo: come mai il nostro cervello ci fa del male? I nostri arti non ci farebbero mai del male: la mano non andrebbe mai a toccare il fuoco, il piede non si metterebbe mai su una tagliola. Eppure il nostro cervello ci fa soffrire immaginando pericoli che spesso non sono reali.

L'attacco di panico è l'«urlo» del cervello, è il «codice rosso» che, in maniera esplicita e intelligibile, ci segnala che l'equilibrio psichico per noi è saltato.

I primi attacchi di panico irrompono nella vita in maniera inaspettata. Ci colpiscono spesso in un momento di apparente tranquillità, e questo ci sconvolge ancora di più. Allora cominciamo a non fidarci di noi stessi perché ci rendiamo conto che abbiamo perso il controllo della situazione.

Ci sono pazienti che non si sentono di attraversare un ponte con l'auto perché temono che in quel momento il loro cervello, che ha dato prova di non poter essere dominato «tradendoli» con continui attacchi di panico, possa indurli a dare una brusca sterzata e a lanciarsi nel vuoto. E col tempo tutto diventa fonte di preoccupazione e di crescente pessimismo circa la possibilità di muoversi liberamente, di programmare un viaggio. Perché in agguato c'è sempre lui, il panico, pronto a colpire nelle situazioni più disparate lasciando un profondo senso di insicurezza e di stupore.

E i rimedi quali sono?

Per curare gli attacchi di panico è necessario spiegare bene ai pazienti che cosa accade nel loro cervello durante la crisi. Ciò è fondamentale perché possano comprendere le finalità della terapia farmacologica, ma anche per ribadire che le possibilità di successo dipendono molto da una buona comunicazione tra paziente e medico.

Il paziente deve, sin dall'inizio, prendere coscienza di ciò che è successo. Bisogna fargli scrivere tutte le cose che da quel tragico giorno si rifiuta di fare. Una sorta di «lista nera» degli impedimenti. Si comincia dall'ostacolo medio, aiutando il paziente a superarlo, si passa poi gradualmente ai problemi maggiori. Questa esposizione progressiva alla paura lo induce nel tempo a desensibilizzarsi.

Ciò è reso possibile dalla «plasticità» del cervello, grazie alla quale si verifica una modificazione funzionale. Chi soffre di attacchi di panico riesce così a cambiare l'idea che ha della circostanza terrorizzante e si adatta alla nuova, più favorevole condizione psichica.

È terribile avere paura del proprio cervello, delle proprie reazioni, quindi di se stessi... Il nemico è in casa, è Alien.

Proprio così. L'attacco di panico è un «corpo estraneo» che è entrato, ed è rimasto dentro di noi. E con cui, bene o male, bisogna imparare a trattare. Non si può pensare di rinunciare a una cura efficace, senza la quale il paziente rimarrebbe in balìa di questo inquilino prepotente e insidioso. Un inquilino che non ama essere estromesso dalle nostre decisioni, ricordandoci spesso e volentieri la sua ingombrante presenza.

La persona che non vuole più vivere con questo inquilino prepotente cosa fa?

Scatta l'idea di cominciare a fare i conti con le proprie paure. Il paziente prende in considerazione che qualcuno lo possa comprendere, che non ha nulla di immaginario, che il suo disturbo è reale.

È pur vero che all'inizio ci sono grandi resistenze, a volte si tratta di un reale braccio di ferro, ma poi, sia pure con qualche incidente di percorso, il quadro cambia decisamente. Il paziente riassapora, quindi, il piacere dell'autonomia e della «libertà». È un ritorno alla vita. Si riscopre il gusto di uscire, di viaggiare, di programmare diversamente la propria giornata.

Chi soffre di attacchi di panico può avere squilibri neuronali?

Sì, si pensa che in alcune zone del nostro cervello ci sia una prevalenza di alcuni centri nervosi più «irritabili» che hanno la meglio sugli altri: questi ultimi, sicuramente più duttili, dovrebbero modularne l'esuberanza. È soprattutto quel messaggero chimico denominato «serotonina» che dovrebbe garantire tale controllo, mantenere cioè un certo equilibrio, ma a volte risulta inadeguato, insufficiente a svolgere questo ruolo.

Dunque, la serotonina è un messaggero che porta buone notizie.

Non esistono neurotrasmettitori positivi o negativi perché alcuni di loro possono agevolare o inibire a seconda del luogo in cui svolgono la loro azione. Per quello che ne sappiamo, la serotonina è un neurotrasmettitore che tende a mantenere una certa stabilità in determinate funzioni: nell'umore, nel sonno, nel rapporto con il cibo, nel contenimento dell'ansia e del dolore. Ma, soprattutto, è una sostanza che può aiutarci a vincere il panico.

Quindi ci sono dei casi in cui la serotonina non è sufficiente?

Negli attacchi di panico, a un considerevole calo di serotonina, soprattutto nel nucleo magno del rafe (la «casa» della serotonina nel cervello), si ha come contraccolpo un eccesso di noradrenalina nel *locus coeruleus* (la corrispondente «casa» della noradrenalina). Questo squilibrio chimico può essere la miccia che «accende» il nostro sistema di allarme provocando una crisi di panico.

Allora, è la noradrenalina che scatena gli attacchi di panico.

Immaginiamo questa situazione: ci troviamo in un luogo in cui c'è un eccesso di anidride carbonica, per esempio in una metropolitana affollata all'ora di punta. I nostri sensori, localizzati nel cervello, analizzata la qualità dell'aria respirata, si allertano e informano i centri nervosi del pericolo che incombe.

Questa informazione viene convogliata rapidamente nel *locus coeruleus*, che svolge un importante ruolo nel nostro cervello, perché è da qui che parte la noradrenalina, la quale, raggiunta l'amigdala, la attiva e fa scattare i primi sintomi dell'attacco di panico.

È un percorso rapidissimo, che parte dal basso verso l'alto, dal tronco cerebrale al centro del cervello, fino all'amigdala, l'«interruttore del panico». La serotonina in questo contesto ha un compito importantissimo, quello di bloccare, contrastare la noradrenalina, impedendole di trasmettere all'amigdala il segnale finale che fa diffondere l'allarme in tutto il cervello.

Quali farmaci vengono usati per aumentare il «lavoro» della serotonina?

Sono soprattutto gli Ssri, in inglese «Selective Serotonin Reuptake Inhibitors», cioè gli inibitori selettivi della ricaptazione della serotonina, una categoria di farmaci specializzati nell'incremento della serotonina nel nostro organismo.

Che cosa fanno queste medicine?

Chiedono alla serotonina, una volta liberata da un neurone e consegnata al neurone successivo, di prolungare la sua permanenza prima di essere neutralizzata e rimossa dal luogo dove svolgeva la sua preziosa azione. Questi farmaci si oppongono alla sua cattura, alla sua ricaptazione, e ciò è di grande aiuto per ripristinare una condizione di controllo, di equilibrio biologico su quei centri nervosi particolarmente irritabili, proprio perché è venuta meno la quantità di serotonina disponibile.

Gli Ssri agiscono in maniera mirata e «convincono» la serotonina a prolungare i suoi effetti terapeutici in quei luoghi del cervello dove può nascere un inutile e «dannoso» segnale di allarme.

Un allarme per qualcosa di immaginario, che non esiste.

Proprio così, perché in effetti il pericolo non c'è, non esiste, anche se quello che prova il paziente è talmente drammatico da convincerlo che il pericolo invece è reale. Uno dei luoghi dove può nascere un falso allarme, una «bugia», è appunto il *locus coeruleus*, un sito che, se è particolarmente «irritato», può contribuire ad azionare l'interruttore del panico.

La quantità di serotonina in più, che si ottiene con la cura farmacologica, è necessaria proprio per riportare una condizione di equilibrio e di normalità, che si mantiene stabile nel tempo. Si impedisce così che prevalga l'azione di quei centri nervosi che potrebbero attivare inutilmente il nostro sistema di allarme.

Noradrenalina e adrenalina sono la stessa cosa?

No, anche se entrambe, per la loro simile conformazione chimica, appartengono (insieme alla dopamina) alla famiglia delle catecolamine. L'adrenalina è un neurotrasmettitore, ma è anche un ormone. Il neurotrasmettitore viene liberato tra un neurone e l'altro, mentre l'ormone può essere liberato anche direttamente nel circolo sanguigno.

Quindi una piccola quota di adrenalina viene liberata al livello del neurone, mentre l'altra al livello della midollare del surrene, una ghiandola situata al di sopra dei reni. Questa ghiandola ha il compito, in una situazione di stress, di fornire una quota di adrenalina e di noradrenalina aggiuntiva per fronteggiare l'emergenza di un pericolo immediato.

Quindi è un surplus di energia, di produzione di energia.

Sì. Infatti percepiamo l'adrenalina sotto forma di stimolo, di sollecitazione del cuore. È il motore che fa sentire il suo rombo per dire: «Sono pronto a una rapida partenza», come pure a combattere, a difendermi. La reazione deve essere rapida perché se il pericolo è reale va sconfitto con prontezza e la risposta deve essere particolarmente efficiente. Durante l'attacco di panico si attiva una sorta di fune, di cordone, che parte dal cervello e arriva al di sopra del rene, l'asse ipotalamo-ipofisi-surrene: rappresenta una sorta di ponte anatomico e funzionale che mette in comunicazione il cervello con il resto del corpo. È il momento dell'emergenza, quello in cui il cervello fa veramente gioco di squadra e si predispone alla battaglia finale, fornendo al nostro organismo, al cuore e ai muscoli in particolare, il massimo di energia e di supporto per fronteggiare nel modo migliore il pericolo.

Lei ha detto che l'adrenalina serve per darci uno slancio e per combattere un pericolo, ma serve, credo, anche in una gara, in una competizione. Quando lo starter ti fa partire, ritengo che ci sia proprio un'esplosione di adrenalina.

La sfida è senz'altro drammatica. Ed è per questo che, come dicevo, alcuni organi in quel momento assumono una centralità straordinaria e vengono messi in condizione di dare il meglio di sé. Il cervello comprende che l'obiettivo è strategico, fondamentale, e allora mobilita in fretta tutta una serie di energie, capacità, potenzialità, a livello cardiaco, circolatorio, muscolare e metabolico. Tutto è pronto e l'organismo chiama a raccolta le sue risorse migliori.

Torniamo alla serotonina. Uomini e donne ne hanno in egual misura?

Studi recenti suggerirebbero l'esistenza nella donna di una maggiore quantità, di una «scorta», di serotonina rispetto all'uomo. Ciò sarebbe in un certo senso geneticamente determinato, «previsto», per lei. Tuttavia l'uomo, in confronto alla donna, presenta una maggiore rapidità nel sintetizzare, produrre e rimpiazzare l'eventuale mancanza di questo neurotrasmettitore nel suo organismo.

D'altra parte, i dati biologici di cui disponiamo ci autorizzano ad affermare che i due sessi hanno un modo diverso di leggere, percepire e interpretare la realtà. Questa profonda diversità scaturisce dalla differente evoluzione e dal differente sviluppo del cervello maschile e di quello femminile.

Ma in che cosa differiscono il cervello dell'uomo e quello della donna?

Per una lieve differenza di peso, ma soprattutto per un maggiore spessore e volume nella donna di quella sorta di ponte (il «corpo calloso») che unisce e collega i due emisferi cerebrali. Questo consente di realizzare lo scambio di informazioni tra i due emisferi molto più intensamente, il che favorirebbe nella donna lo sviluppo delle capacità pragmatiche, maggiore abilità nell'osservare, nel controllare.

Nella donna c'è una più ampia cooperazione tra i due emisferi cerebrali attraverso un passaggio, in un senso e in un altro, di fibre nervose. Ciò la porterebbe ad avere un'organizzazione cerebrale più complessa e quindi a ragionare e comunicare in modo diverso dagli uomini.

Nell'uomo prevale, invece, una maggiore attitudine all'orientamento spaziale, alla logica, all'abilità motoria e alla coordinazione.

Fino a che punto si è arrivati a studiare il cervello e quanto manca ancora? C'è ancora molto da capire o da scoprire?

In questo momento le nuove tecnologie, come le neuroimmagini, hanno profondamente rivoluzionato il nostro modo di studiare il cervello, consentendoci di localizzare e visualizzare in modo preciso alcune tra le più importanti funzioni, come le emozioni, la memoria, il linguaggio. Per esempio si vede che, mentre viene alzato il braccio destro, contemporaneamente si «illumina» la parte sinistra del cervello dove risiede l'area motoria principale.

Questo si vede?

Sì, ed è come se percorressimo realmente quello che una volta avremmo definito un «viaggio» all'interno del cervello. Oggi è possibile stabilire una serie di tappe anatomiche, morfologiche, funzionali in quest'organo straordinario, assistiti dalle immagini che lo visualizzano mentre è in corso il suo funzionamento.

La definitiva «mappatura» di tali parti del cervello sarà molto importante se non altro perché gli darà un'ulteriore e definitiva legittimazione come organo. Ciò che prima non si conosceva neanche attraverso l'ecografia o la Tac, adesso, con una risonanza magnetica funzionale, è evidente.

Ma si è vicini alla mappatura totale del cervello?

Ancora no, però si è a buon punto perché sono in corso di perfezionamento macchinari sempre più sofisticati che riescono a descrivere dettagli minuscoli e a ingrandire particolari che aiutano a capire l'evoluzione di alcuni disturbi mentali e come il cervello muti assetto e morfologia dopo che una persona ha praticato una terapia.

Il cervello è un organo che cambia, è plastico, è un «pendolo». Fino a vent'anni fa si pensava che fosse recluso in una scatola cranica, fisso e immobile. Invece, oggi è definitivamente in auge il concetto di organo che si muove, che pulsa.

Quindi noi possiamo cambiare moltissime cose. Possiamo cambiare i comportamenti, le sensazioni, il modo di reagire agli stimoli.

Sì.

E possiamo cambiare anche il nostro modo di memorizzare.

Si possono apprendere tecniche di memorizzazione molto utili, che mirano a migliorare il nostro livello di attenzione, di concentrazione, di apprendimento e infine la memoria. Oggi è noto che la «casa» della memoria è l'ippocampo. Un danno a questo organo si traduce, nel tempo, in malattie neurodegenerative, come l'Alzheimer. Malattie che determinano un progressivo impoverimento della nostra capacità di memorizzare a breve termine, la cosiddetta «memoria pronto utilizzo», ma anche di alcune funzioni cognitive, come l'attenzione e la concentrazione, la capacità di critica e di giudizio, l'orientamento nel tempo e nello spazio.

La rimozione è altrettanto potente della memorizzazione?

Abbiamo la tendenza a rimuovere i ricordi molto dolorosi: li «chiudiamo» in una nicchia emotiva in modo da impedire loro di raggiungere il livello di coscienza. Li riponiamo nel nostro subconscio perché dannosi per il nostro equilibrio, la nostra etica e la nostra cultura. È l'anticamera dell'oblio, della dimenticanza definitiva.

Attualmente è commercializzata una farmacologia d'assalto che va proprio in questa direzione e ovviamente pone seri problemi di natura etica e morale. Vengono utilizzati farmaci (sostanzialmente dei betabloccanti, uno in particolare è il propranololo) subito dopo un evento traumatico perché fanno da argine alla sedimentazione dei ricordi.

E perché il farmaco cancella proprio «quel» ricordo? Perché non cancella tutto? Come spiega la rimozione terapeutica?

Perché cancella solo l'evento più forte e recente. Se è passato oltre un mese da quell'evento traumatico, il farmaco non persegue il suo fine, risultando del tutto inefficace. Ovviamente ciò può comportare problemi di etica. Per quanto mi riguarda, non sono favorevole. Lo sono solo per taluni, particolarissimi casi: per esempio, per una donna stuprata o per un bambino che ha assistito a una scena agghiacciante, o per un'esperienza terribile che può aprire una ferita che non si rimargina più.

VI

La «bugia» del cervello

Perché definisce l'attacco di panico una «bugia» del cervello?

Perché il problema non c'è, ma in realtà c'è. E crea quella netta linea di demarcazione e incomprensione tra chi soffre di attacchi di panico e chi non ne soffre. È vero che il pericolo non esiste, ma è altrettanto vero che chi prova un attacco di panico percepisce le stesse terribili sensazioni di chi si trova a combattere nel mezzo di una terribile emergenza. Il fatto è che tutto ciò non traspare all'esterno, ma, purtroppo per il malcapitato, è confinato soltanto nella sua mente. È lì che si accende rapidamente il codice rosso, la madre di tutte le emergenze e paure, che non consente di riflettere ma soltanto di agire. Appare come una bugia perfetta, molto credibile, che lascia ben poco spazio ai dubbi. Una bugia che vive di trappole, di tranelli molto ben congegnati, che farebbero capitolare chiunque, proprio perché assai convincenti.

Ma allora l'attacco di panico è una malattia del cervello?

È una malattia che fa parte dei disturbi d'ansia. Ne conosciamo ormai l'identikit e ha un profilo di sintomi di tutto rispetto. È difficile non riconoscerla. Come dicevo, dagli anni Ottanta è stata inclusa nel Dsm. Fino ad allora le definizioni erano molto più vaghe e a volte distorte. Si parlava di «reazione di allarme», «reazione di ansia», «sindrome del cuore irritabile», ecc. Ora, invece, viene riconosciuta come malattia vera e propria, come «disturbo da attacco di panico» (Dap).

Come si presenta l'attacco di panico e come è riconoscibile la prima volta?

Il primo attacco di panico è un'esperienza sconvolgente. La partecipazione emotiva con cui lo descrivono i pazienti è quella di «un incontro ravvicinato con un profondo senso di morte». Alcuni lo descrivono come qualcosa di devastante perché irrompe improvvisamente, «a freddo», spesso in una situazione di totale benessere, senza alcun tipo di circostanza che possa giustificarne l'insorgenza.

I racconti sono vari. Molti parlano di una crescente difficoltà respiratoria che, progressivamente, porta a un vero e proprio senso di soffocamento. Il paziente cerca di liberare il respiro con dei colpi di tosse, quasi per eliminare un corpo estraneo che gli impedisce di respirare. Subentra l'idea di essere sul punto di morire, di avere un infarto, a causa dell'accelerazione improvvisa della frequenza cardiaca, con sensazioni di tuffo al cuore, di aritmia. Il battito cardiaco rimbomba in tutto il corpo, tanto che il paziente può contare i propri battiti senza mettere le dita sul polso. E poi brividi, sudorazione, oppure la sensazione sgradevolissima di qualcosa che nasce in prossimità dello stomaco e che poi velocemente sale verso l'alto. E, inoltre, un senso di confusione, di stordimento, la sensazione di poter impazzire, di perdere il controllo e il contatto con la realtà. Sono sintomi che durano pochi minuti, anche se il paziente ha una percezione dilatata del tempo, infinita. La prima cosa che fa, appena è in grado di muoversi, è di correre al Pronto soccorso a chiedere aiuto.

Quello che prova in quel momento è una vera e propria tempesta chimica, biologica, neurovegetativa, che lo porta ad attivare tutti gli organi facendo appello alle sue migliori energie. È consapevole che sta affrontando qualcosa di veramente straordinario, perciò si reca al Pronto soccorso, dove però non è infrequente che i suoi sintomi vengano erroneamente ricondotti a una sindrome ipertensiva o cerebrale.

Perché al Pronto soccorso, ancora oggi, non si riconosce un attacco di panico?

Perché si tende spesso a rilevare solo l'aspetto fisico del panico, senza però rendersi conto che l'«epicentro» di tutti quei sintomi è nel cervello, ed è da lì che bisogna partire, immediatamente. È infatti il cervello che «scarica» la maggior parte di quelle sostanze che poi si abbattono sul nostro organismo. Molto spesso questa tempesta viene interpretata e archiviata come una semplice crisi ipertensiva, o come una banale tachicardia.

Che cosa succede realmente nella nostra mente? Abbiamo parlato di una sentinella, l'amigdala. Perché viene allarmata?

Il primo attacco di panico può insorgere, per esempio, in un soggetto geneticamente predisposto, dopo uno stress prolungato o in seguito alla perdita di una persona cara. Quel sensore importante nel nostro cervello che è l'amigdala, già allertata per le ragioni sopra citate, interpreta una serie di segnali in maniera anomala. Ecco così che nasce la «bugia» nel cervello: in quel momento la persona è convinta che stia accadendo qualcosa di straordinario, che può mettere a rischio la sua incolumità, la sua vita. L'amigdala suona l'allarme e comincia a coinvolgere altre regioni del cervello: l'ippocampo, la corteccia prefrontale e la corteccia occipitale, ma anche altre aree vicine, informandole rapidamente che si sta verificando qualcosa di anomalo.

Di anomalo?

Sì, di anomalo, perché qualcosa di strano è accaduto urtando la sensibilità e la suscettibilità, già alte, di alcuni centri nervosi. A questo punto il cervello lancia un ordine esplicito: «Combatti o fuggi, perché la tua vita è in pericolo». Si assiste a una drammatica conferma del nostro istinto di sopravvivenza, che ci fa urlare il desiderio di vivere.

In alcuni pazienti e in certi casi si verificano crisi ipertensive accompagnate dall'incremento della frequenza cardiaca; in altri può esservi un effetto opposto, fino a perdere i sensi. Infatti, a volte le emozioni sono talmente forti da modificare drasticamente l'afflusso di sangue al cervello, con conseguente transitorio abbassamento della pressione e alterazioni dello stato di coscienza, provocando la sensazione dello svenimento. Quando, durante un attacco di panico, si verificano fenomeni neurosensoriali di una certa intensità, può rendersi necessario distinguere questo disturbo da una sindrome comiziale, e in particolare da una epilessia del lobo temporale.

Ci sono delle parentele fra gli attacchi di epilessia e gli attacchi di panico?

Dal punto di vista dei sintomi, il Dap e le crisi epilettiche sono facilmente riconoscibili, ed è perciò difficile confonderli. Tuttavia, alcuni disturbi che si presentano durante un attacco di panico possono riscontrarsi anche in qualche forma di epilessia, come quella del lobo temporale. Sono i fenomeni di depersonalizzazione che il paziente vive e riferisce come un'alterata percezione del proprio corpo, che gli appare improvvisamente estraneo, irreale, oppure che vede trasformato in alcune sue parti. Altre volte può avvertire un forte senso di estraneità verso l'esterno, che gli fa apparire la realtà circostante, gli ambienti consueti, familiari, come profondamente diversi se non addirittura irreali. Limitatamente a questi sintomi, l'attacco di panico si presenta come una sorta di ponte fra la neurologia e la psichiatria. In questi casi (piuttosto rari) è utile approfondire l'aspetto clinico e quello diagnostico, sottoponendo i pazienti a un elettroencefalogramma che potrà meglio chiarire la natura dei disturbi che vengono riferiti.

Lei ha detto che il primo attacco di panico può arrivare all'improvviso e che chi lo subisce teme di avere un infarto e corre al Pronto soccorso. Come mai però, anche dopo averne avuti parecchi, alcuni continuano ad andare al Pronto soccorso?

È vero, dall'esperto si arriva dopo un lunghissimo, estenuante e spesso inutile accumulo di esami diagnostici.

Anche i medici di base, non riconoscendo subito questo disturbo, tendono a perseverare nel cercare una causa fisica, organica, che possa spiegare la comparsa dei sintomi. Va poi tenuto conto che, culturalmente, il paziente è molto più propenso ad accettare una malattia che riguarda il resto del corpo piuttosto che il cervello, perché in questo caso dovrebbe prendere in considerazione la possibilità di avere un problema di natura mentale.

La persona che subisce un attacco di panico ha paura di impazzire. È una paura fondata?

Assolutamente no. Quello che terrorizza il paziente è che, perdendo il controllo, possa anche perdere il contatto con le persone più care, con i suoi affetti, con l'esterno, con il mondo a lui familiare. È angosciato dall'idea di essere abbandonato, di trovarsi da solo, in balìa di quel profondo malessere che lo ha travolto. Questo stato gli può dare la sensazione di aver sfiorato la pazzia. Ovviamente, al di là dei fenomeni di depersonalizzazione e di derealizzazione, più riconducibili a crisi di panico con un denominatore psichico e sensoriale, non esiste questo tipo di pericolo.

È mai capitato che una persona abbia avuto un solo attacco di panico?

Per diagnosticare un disturbo da attacchi di panico sono necessari attacchi che si ripetono nel tempo, con frequenza giornaliera, settimanale o mensile. Si possono avere anche crisi sporadiche, occasionali, che per la loro intensità sono in grado di cambiare radicalmente la vita di un individuo. E questo perché, anche a distanza di tantissimi anni, ciò che ha provato rimarrà profondamente impresso nella memoria. Ne sarà molto condizionato ed eviterà tutte le situazioni che anche lontanamente risveglino quel ricordo. Cercherà allora di garantirsi sempre e comunque delle rapide vie di fuga. Per esempio, se quell'unico attacco di panico lo avrà colpito mentre era in macchina, da quel momento si rifiuterà di guidare da solo, oppure opterà per mezzi di trasporto alternativi.

C'è una tipologia di individui più vulnerabili agli attacchi di panico?

Le donne sono colpite più degli uomini in un rapporto di 2-3 a 1. Si va dalla giovane età alla maturità piena, ma non si tratta di parametri rigidi.

Colpiscono anche i bambini?

I bambini possono presentare precocemente segnali che preannunciano l'insorgere degli attacchi di panico. Cambiano improvvisamente carattere, diventando aggressivi e a volte violenti. Si rifiutano ostinatamente di andare a scuola, e protestano con forza quando devono separarsi dai genitori. Hanno una riuscita scolastica inspiegabilmente cattiva. Lamentano spesso la comparsa di invalidanti disturbi fisici che compromettono il rendimento nelle attività sportive, scolastiche e ricreative. Molti di loro si rifiutano di giocare, di andare alle feste, di uscire se non in presenza dei genitori.

Per quanto riguarda i bambini, che cosa si può fare? Magari il genitore sottovaluta il fatto che il figlio non voglia allontanarsi da lui, né andare a scuola. Come si fa a distinguere un bambino che poi potrà sviluppare crisi di panico da uno solo fragile e ipersensibile?

Bisogna individuare innanzitutto quei fattori che a livello familiare potrebbero, in un bambino predisposto, favorire la precoce comparsa di attacchi di panico: per esempio, le separazioni, i conflitti tra coniugi, la mancanza di uno dei due genitori, un lutto in famiglia. Poi è necessario indagare nell'ambito scolastico per verificare se qualcosa nel suo comportamento sta effettivamente mutando e osservare come si pone con i compagni, se partecipa alle attività di gruppo, se è preoccupato, se è soggetto a bruschi cambiamenti di umore. Può essere importante anche la comparsa improvvisa di sintomi come nausea, vertigini, mal di testa, dolori alla pancia, così come la frequenza di bruschi risvegli durante la notte perché in preda all'angoscia di rimanere da solo o di essere abbandonato.

Se poi il bambino ha degli attacchi di panico che si ripetono, sarà utile iniziare una cura con farmaci a bassi dosaggi per controllare le crisi, ma anche garantire un supporto psicologico, utile a monitorare il comportamento dei genitori.

Torniamo alle donne. Su dieci pazienti che vengono da lei quante sono le donne?

I due terzi.

Perché?

Perché la donna è diventata il ganglio terminale di una serie di stress psicosociali che la sollecitano in modo eccessivo. Certamente, la maggiore predisposizione genetica e il suo delicato profilo ormonale incidono molto, ma è altrettanto evidente che mai come oggi la donna è al centro di un delicato equilibrio tra l'ambito lavorativo, quello familiare e quello sociale, nei quali è impegnata in modo altamente competitivo. C'è anche da dire che lei stessa pone una maggiore attenzione ai segnali provenienti dal proprio corpo. Questo la spinge più facilmente ad accettare di rivolgersi al medico se preoccupata dal persistere di certi disturbi.

Educata nei secoli a rimanere in casa, la donna è più portata a soffrire di agorafobia, mentre l'uomo è abituato da sempre a lasciare la tana, per esempio per andare a caccia.

La donna è molto più sensibile ai cambiamenti del suo ruolo sociale, soprattutto nell'ambito familiare. Pensiamo alla sindrome del «nido vuoto», quando i figli, ormai grandi, diventano autonomi. Una volta indipendenti, si allontanano e, infine, decidono di vivere da soli. È un momento spesso doloroso per la donna, perché vede drasticamente ridimensionata la sua sfera di influenza in famiglia e si ritrova con una qualità di vita e con un livello di gratificazione diminuiti.

Quando i figli escono di casa, le donne provano un certo senso di colpa perché temono di non riuscire più a svolgere un ruolo pedagogico e educativo nei loro riguardi. È un'emancipazione, quella femminile, pagata a caro prezzo.

Quindi, uscire di casa, abbandonare questo luogo di aggregazione che è la famiglia, può portare la donna a soffrire di disturbi psichici.

Può essere vittima di nuove paure nel momento in cui si confronta con un modo di comunicare e competere legato all'apparenza e alla fisicità. Può sentirsi allora profondamente inadeguata se non riesce a corrispondere a quei modelli estetici che vengono presentati sempre più come l'unico importante biglietto da visita.

Oggi la magrezza è diventata, insieme alla visibilità e alla popolarità, uno dei valori più importanti per la donna. Uno dei disturbi in aumento è quindi la dismorfofobia, come pure l'anoressia e la bulimia, legate all'ossessione dell'immagine. Un fenomeno dilagante anche tra gli uomini, che appaiono sempre più attratti dal mito della bellezza. Sono infatti sempre di più gli uomini che, inseguendo il sogno di avere un corpo perfetto, si affidano al bisturi. Si controllano spesso allo specchio, per osservare la forma del naso, degli occhi, i lineamenti del volto. Arrivano a spendere somme consistenti per creme e massaggi e sono dominati dall'idea di essere fisicamente irresistibili.

Abbiamo detto che il primo attacco arriva all'improvviso, ma per quanto riguarda i successivi, che cosa percepisce la persona che ne soffre?

L'attacco di panico si manifesta quasi sempre con le stesse modalità. E questo in parte rassicura il paziente perché l'ha già vissuto in passato. Però alcune volte può, in maniera più subdola, presentarsi con sintomi inconsueti, diversi. A quel punto il paziente, terrorizzato, si sente in pericolo, corre al Pronto soccorso perché convinto che qualcosa di nuovo stia per accadere.

Facciamo degli esempi?

Le prime volte possono esserci dei sintomi respiratori, che danno la drammatica idea di essere sul punto di soffocare. Altre volte l'attacco può manifestarsi con un senso di pressione a livello toracico, accompagnato da fitte, e da un forte e improvviso dolore nel braccio che fanno subito pensare a un infarto. Oppure un'angosciante e persistente sensazione di «anestesia» alle braccia o alle gambe, che fa pensare a una «paralisi muscolare» diffusa.

In alcuni casi le prime avvisaglie possono essere piuttosto sfumate, un senso di distacco, di estraneità verso l'esterno. La persona sente che qualcosa nella sua percezione è profondamente cambiata, al punto tale che è convinta di «non esistere più». Tutto è falsato, più ovattato, e poi all'improvviso c'è una straordinaria accelerazione del pensiero. E allora i suoni, le voci, i colori, la luce diventano ostili, insopportabili. Si instaura una relazione drammatica tra sé e sé, dove tutto viene ascoltato, monitorato, percepito e seguito in maniera ossessiva fino a che poi il paziente non sopporta più queste sensazioni e chiede aiuto, perché è certo di essere sul punto di impazzire. Piange, si dispera e si aggrappa a chi in quel momento si trova vicino a lui.

Chi subisce l'attacco di panico spesso si vergogna delle proprie paure e a volte decide di ritirarsi da tutte le occasioni sociali. Teme molto il giudizio degli altri, ma anche di non essere compreso o di trovarsi in situazioni da cui poi può risultare difficile sfuggire.

E quanto dura un attacco di panico? Ha una durata standard o dipende da persona a persona?

L'attacco di panico può durare da pochi minuti fino a un massimo di venti minuti, mezz'ora. Ma le sensazioni sono talmente intense che il paziente ha la certezza di aver vissuto un'angoscia lunghissima della quale non riusciva a vedere la fine.

Quindi, finisce così, all'improvviso, come è iniziato? Il cuore riprende a battere normalmente, si ricomincia a respirare...

Esaurita la fase acuta, subentra la «fase post-critica». Il paziente appare ancora profondamente provato, esausto. Entra in uno stato di prostrazione e di astenia fisica protratta, perché la crisi appena trascorsa ha sollecitato in modo intenso tutto il suo corpo. E questo ci fa capire quanto la dimensione fisica partecipi durante l'attacco di panico, quanto il cervello coinvolga ogni parte del corpo.

La persona sente un forte bisogno di dormire, di recuperare forze ed energie perdute. Ma al risveglio riaffiora quella sensazione angosciante di insicurezza e di precarietà riguardo la propria vita e il proprio futuro. Così compare anche la «fobofobia», la paura di aver paura.

Immaginiamo una situazione da attacco di panico per una persona che soffre di agorafobia o di claustrofobia. Qual è la sua tentazione più forte: fuggire o rimanere lì, immobile, paralizzata?

Quando l'attacco di panico avviene in un ambiente dove ci si sente costretti, la persona entra in uno stato di drammatica agitazione psicomotoria. E allora comincia a urlare, a muoversi in modo scomposto, inizia a sudare, a respirare con difficoltà. Implora aiuto e supplica i presenti di farla uscire. Non riesce ad aspettare, a calmarsi e cerca di raggiungere la via di fuga il più presto possibile. Si abbatte sulla porta di un ascensore, oppure della metropolitana. Può fare delle cose pericolose, senza senso, come tentare di uscire dal finestrino, scendere sui binari del treno al buio. Può arrivare a rompere i vetri pur di «salvarsi». Predomina in lei un urgente bisogno di ribadire l'istinto di sopravvivenza, arrivando a compiere azioni che appaiono sconcertanti a chi, incredulo, assiste. In quei momenti la persona è in totale balìa di uno stato psichico che non sa più governare.

Tutto questo non è possibile se ci si trova in un aereo perché non si può uscire dal finestrino, non ci si può abbattere contro la porta.

Sull'aereo l'attacco di panico è veramente un'evenienza terribile, perché la persona è perfettamente conscia di non avere la minima via di scampo, di fuga.

Un paziente una volta mi disse: «Guardi, prenderei l'aereo solo se mi dessero un paracadute. Perché se mi viene un attacco di panico mi farei aprire le porte e le giuro che mi lancerei anche se ci trovassimo sull'oceano».

Chi soffre di questo disturbo sa di correre il rischio di sentirsi in una trappola fatale. Innanzitutto perché, come dicevo, l'aereo non consente vie di fuga, ma anche perché il passeggero sa di non essere assistito dal punto di vista medico. Ecco perché molte persone che non hanno paura di volare si rifiutano in modo determinato di utilizzare l'aereo per viaggiare.

Va detto che tutto ciò viene esasperato anche dalle condizioni estreme che si verificano in volo, dovute alla pressurizzazione, alla cattiva qualità dell'aria che si respira, ma anche a una cattiva comunicazione che, a volte, si crea tra il personale di bordo e i passeggeri. Inoltre è sempre in agguato il pericolo che un passeggero colto da un attacco di panico possa «contagiare» gli altri.

L'eccesso di anidride carbonica può essere una delle cause che scatenano l'attacco di panico?

Sì. Come ho detto, potrebbe scatenare le crisi di panico «ambientali», da mettere in relazione proprio alla sua elevata concentrazione nei luoghi chiusi e scarsamente ventilati, ma anche all'ipersensibilità di alcune persone. Oggi disponiamo di un test molto efficace che consente di «smascherare» chi è particolarmente suscettibile a questo gas.

Si prepara in una bombola una miscela di ossigeno e di anidride carbonica, con una concentrazione al 65 per cento di ossigeno e al 35 per cento di anidride carbonica. La si fa inalare al paziente con una mascherina facciale e, dopo pochissimo tempo, si possono scatenare, lo ripeto, nelle persone molto sensibili a questo gas, degli attacchi di panico clinicamente identici a quelli che si verificano spontaneamente. In questo modo possiamo studiare sia i sintomi sia il modo con cui si propaga la crisi.

Lei ha «fotografato» il cervello di una persona nel momento in cui aveva una crisi di panico.

L'esperimento, cui ho già accennato, è stato realizzato qui a Roma, in collaborazione con il professor Stefano Bastianello, un neuroradiologo esperto nell'utilizzo della risonanza magnetica funzionale.

Per «provocare» la crisi al paziente sono stati inviati degli stimoli idonei, con suggestioni verbali specifiche, per indurlo a ricordare un attacco di panico particolarmente drammatico. Queste sollecitazioni verbali, poi ripetute all'interno della risonanza magnetica funzionale, hanno provocato un intenso attacco di panico, permettendoci così di riprendere istantaneamente tutti i passaggi del fenomeno. È stato possibile, infatti, visualizzare i centri nervosi coinvolti che, una volta attivati, si sono «accesi» rapidamente. E ciò a conferma del fatto che l'attacco di panico è un evento di tale importanza che fa «illuminare» il nostro cervello.

Quali sono i centri nervosi che si illuminano durante l'attacco?

È stato possibile fotografare l'amigdala, l'ippocampo, la corteccia prefrontale, e, in questo caso, anche le aree occipitali e il *locus coeruleus*.

Ma se non foste riusciti a scatenare l'attacco con la sollecitazione verbale, avreste usato la mascherina con l'anidride carbonica?

Sì, ovviamente con il consenso del paziente. Nell'esperimento è stato possibile scatenare una crisi utilizzando solo le sollecitazioni verbali ripetute più volte. Questo ci deve far capire quanto sia forte il ricordo di un attacco di panico: solo a parlarne, a rievocarlo, si è ripetuto. Ma non ci deve sorprendere, perché ciò che rimane depositato nel cervello è talmente forte che lo chiudiamo in un cassetto per tutta la vita. Quel ricordo rimane lì a significare che è accaduto qualcosa di straordinario.

Quando si ha un attacco di panico, la vicinanza di persone conosciute è controproducente o migliora la situazione?

Dipende da come reagiscono, se sono i primi ad agitarsi possono peggiorare le cose e far aumentare l'angoscia. Bisogna tranquillizzare chi subisce un attacco di panico, tenergli la mano, assecondarlo. Se vuole andare al Pronto soccorso, le prime volte è meglio accontentarlo. Occorre evitare che l'attacco di panico peggiori e lasci un ricordo angosciante e traumatico.

L'attacco di panico può manifestarsi in gravidanza?

Si possono verificare due condizioni. La prima è quella di una paziente che già prima della gravidanza era in cura per i suoi attacchi di panico. Il test di gravidanza positivo impone di sospendere buona parte delle medicine per il rischio di causare delle malformazioni nel feto. La sospensione dei farmaci va effettuata, però, gradualmente, per evitare spiacevoli reazioni ansiose che a volte possono costringere a interrompere la gravidanza. Nel primo periodo alcune pazienti possono riavere delle crisi di panico che tendono poi a diradarsi nel tempo. Dopo le cose migliorano, ma, se necessario, possono essere utilizzati bassi dosaggi della terapia precedentemente prescritta.

La seconda condizione è quella di una paziente che inizia a soffrire di attacchi di panico proprio durante la gravidanza. In questi casi, se gli attacchi di panico diventano difficilmente gestibili e possono mettere a rischio la gravidanza stessa, potranno essere utilizzati anche nei primi 3 mesi i farmaci antipanico, alcuni prodotti appartenenti alla classe degli Ssri che possono essere somministrati in dosi molto basse con una certa tranquillità.

Parliamo anche dell'«ansia anticipatoria». Le persone che soffrono di attacchi di panico e sanno di non poter evitare il luogo che le scatena: aereo, ascensore, gallerie, ecc. come vivono l'attesa dell'evento?

L'attesa dell'evento inizia molto tempo prima della situazione temuta, della situazione fobica. Alcuni pazienti fanno il biglietto dell'aereo e iniziano a cambiare carattere già diverse settimane prima di partire. Il giorno della partenza è visto come il giorno del patibolo. La paura condiziona l'umore, il rendimento e la tranquillità di quella persona e l'ansia peggiora fino al fatidico, drammatico giorno.

Il paziente sogna il luogo temuto mille volte, lo immagina incessantemente, sino a cercare in modo ossessivo di prevedere i propri comportamenti, le proprie reazioni. Inoltre, prende in considerazione tutte le alternative che potrebbero evitargli l'evento temuto. Di solito, alla fine rinuncia, accampando pretesti che riguardano la salute propria o quella dei familiari.

Abbiamo detto che la causa degli attacchi di panico può anche essere un trauma.

Chi subisce un forte trauma viene perseguitato da quel ricordo e va incontro al disturbo post-traumatico da stress, di cui abbiamo già parlato.

Ci sono sostanze che, se assunte in eccesso, possono scatenare un attacco di panico?

La caffeina è una di quelle sostanze stimolanti che può smascherare la predisposizione di una persona ad avere crisi di panico. Questo vale anche per la cannabis, la cocaina, le amfetamine, gli alcolici e, nei grandi fumatori, l'eccesso di nicotina.

E poi c'è lo stress...

Il prolungamento di una situazione di stress. Quando lo stress non viene smaltito mette sotto torchio alcuni centri nervosi, rendendoli più irritabili, più suscettibili. E allora ecco che l'attacco di panico diventa una sorta di messaggio che informa quella persona che così non può procedere, e che deve trovare una soluzione diversa. Può essere un ambiente di lavoro, una relazione amorosa, un lutto, un abbandono. A quel punto, la prima cosa da fare è abbassare il livello di stress.

Perché un abbandono dovrebbe scatenare un attacco di panico invece che, non so, un mal di testa cronico, un periodo di insonnia, malattie psicosomatiche?

Perché tutti gli eventi particolarmente negativi, come l'abbandono, rappresentano quasi un test che la persona, suo malgrado, subisce. Un test affettivo, esistenziale, relazionale che nel tempo può «scoprire» quella predisposizione genetica, fino ad allora silente, ad avere questo disturbo.

Prendiamo, per esempio, la cannabis. Non possiamo dire che lo spinello sia la causa dell'attacco di panico, ma il «superspinello», quello potenziato, quello del terzo millennio, costituisce di per sé una modalità per capire se quell'adolescente è predisposto o no ad avere gli attacchi di panico. Oggi la malattia, intesa come perdita di equilibrio psicofisico, va percepita non in termini statici quanto piuttosto dinamici, perché legata all'incontro, all'interazione della predisposizione genetica con un fattore esterno, ambientale.

E l'educazione, l'esperienza e la cultura?

Non c'è dubbio che questi fattori incidono molto, così come i rapporti interpersonali, la qualità di ciò che mangiamo, l'aria che respiriamo, le immagini che vediamo, su un organo estremamente plasmabile, il cervello, che risponde a queste sollecitazioni accelerando la comparsa di manifestazioni psichiche e fisiche di disagio fino ad allora inespresse.

Ha detto che in ambito affettivo un abbandono può scatenare degli attacchi di panico. C'è qualcos'altro? Non so, una forte gelosia può avere lo stesso effetto?

Certamente, perché a volte la gelosia, nelle forme morbose, può portare a estremizzare, a stravolgere ciò che si vede e ciò che si sente, trasformandolo in un'ossessione. In alcuni casi si può arrivare a un disturbo interpretativo della realtà. In altre parole, la persona non percepisce la realtà così come è, ma la interpreta a modo suo, in maniera deformata. E tutto ciò che porta a deformare la realtà deforma, inevitabilmente, anche la nostra partecipazione emotiva.

Questo vale per i fenomeni abbandonici, cioè la perdita traumatica, il tradimento, in cui viene distrutto un certo equilibrio, una certa stabilità affettiva e quindi psichica e fisica, ma anche per le relazioni conflittuali che si protraggono nel tempo. Perché in questi casi la relazione affettiva, così disarmonica, si traduce in uno stress prolungato nel tempo.

Nel cervello della persona che subisce tutto questo si verifica un'altalena biologica, chimica, nella quale i neurotrasmettitori non riescono più a calibrare la modalità di adattamento a sollecitazioni esterne sempre più instabili. Si può quindi arrivare a fenomeni di depressione o agli attacchi di panico.

Le modalità di reazione a un attacco di panico sono quasi sempre le stesse?

Gli attacchi di panico si possono verificare nelle condizioni più disparate e si possono avere le reazioni più diverse. Mentre una persona cammina per strada può essere colta all'improvviso dall'angoscia tant'è che, a volte, platealmente si sdraia per terra in quanto ha la sensazione di morire: cerca, pertanto, di limitare i danni augurandosi che possa arrivare al più presto un'ambulanza che la soccorra.

La soluzione trovata dalla maggior parte delle persone che soffrono di attacchi di panico è l'«evitamento». Chi ha paura di soffrire di una crisi in aereo non prenderà più l'aereo. È questa la strategia adottata prima di rivolgersi a un medico?

La vita di queste persone dalla mattina alla sera è proiettata a evitare tutta una serie di situazioni a rischio. A mano a mano che aumenta l'evitamento, peggiora la loro situazione fino a che capiscono di dover fare qualcosa.

Molti pazienti, purtroppo, passano al «fai da te» assumendo gli ansiolitici, che servono solo a dare un sollievo momentaneo ma che poi possono portare alla dipendenza. Tendono quindi autonomamente ad aumentare la dose e arrivano ad abusare di questi farmaci che non sono in grado di curare il disturbo di base. E allora iniziano gli effetti negativi sul livello di attenzione, di concentrazione, sulla memoria. Effetti che producono anche un rallentamento psicomotorio, che a sua volta può essere la causa di un ulteriore attacco di panico.

Quindi l'evitamento potrebbe portare alla cronicizzazione dell'attacco di panico?

Sì. Per non perdere il controllo è meglio non andare al cinema, a teatro, al ristorante, in discoteca, non prendere la macchina, l'aereo…

Non sapendo che ogni volta che si evita un pericolo potenziale aumenta esponenzialmente il senso di fragilità. La vita diventa sempre più precaria mentre cresce la necessità di circoscrivere la propria esistenza a una routine gradualmente più soffocante e umiliante.

Evitare continuamente la situazione a rischio poi ci fa sentire anche in colpa?

L'evitamento ci fa credere di poter controllare l'ansia mentre a lungo andare porta a ingigantire il senso di vulnerabilità. Dico spesso ai pazienti: «Ricordatevi che ogni volta che voi evitate una situazione, ogni volta che optate per qualcosa di più rassicurante, vi rovinate con le vostre mani, perché il senso di insicurezza lì per lì lo controllate, ma poi aumenta e diventate schiavi di questi e di altri pesanti condizionamenti». Nel corso del setting terapeutico bisogna convincere il paziente a pensare: «Io non voglio anticipare la paura, non voglio evitarla, ma desidero andare consapevolmente verso di essa, dando al mio cervello un compito, un obiettivo: cambiare il mio rapporto con quella paura».

Chi soffre di attacchi di panico può arrivare fino al punto di non uscire più di casa?

Si arriva a sterilizzare in maniera ossessiva tutta la propria vita. Anche delle nuove amicizie o degli amici troppo propositivi diventano improvvisamente «pericolosi» perché possono contribuire a sconvolgere quell'agenda quotidiana che chi soffre di panico ha determinato in modo rigido e rigoroso per garantirsi la sicurezza e il controllo totale.

Questo vale anche per un nuovo amore, una nuova amicizia, un viaggio... Ecco allora che entra in campo l'immaginazione, che è potentissima nelle persone che soffrono di crisi di panico. L'immaginazione ti fa ipotizzare tutto ciò che potrebbe accadere con un miglioramento professionale: già mi vedo nella riunione, vedo gli sguardi giudicanti delle persone, sento di arrossire, le gambe tremano...

È una «fiction esistenziale» costante, perché la vita di queste persone è pianificata in modo ossessivo. Prevalgono l'analisi e il monitoraggio continuo che porta a un'interpretazione di tutto quello che accade all'interno e all'esterno della propria vita. L'obiettivo primario di queste persone è sempre quello di prevedere e anticipare tutto ciò che può essere potenzialmente pericoloso per loro. Tendono a simulare e a immaginare circostanze catastrofiche che le riguardano. Se sono costretti a recarsi in un luogo diverso dalla propria città, che è già stata preventivamente mappata, alcuni pazienti fanno fare dei sopralluoghi preventivi a qualcuno. Fino a quando, dopo aver a lungo esitato, decidono e partono.

Cercano delle garanzie?

Sì, ma non sono mai sufficienti per loro. Si informano se in quel luogo c'è un presidio ospedaliero, un servizio di Pronto soccorso, se ci sono dei bravi dottori. Prima di partire cercano di ottenere dei numeri telefonici a cui poter ricorrere nell'eventualità di una qualunque emergenza o di un attacco di panico. Sono straordinari strateghi nel pensare e nel prevenire tutto quanto potrebbe verificarsi, per non trovarsi impreparati ad affrontare un eventuale pericolo.

VII

Panico, depressione e altro

Una persona che soffre di attacchi di panico può essere tentata di suicidarsi?

Ho conosciuto persone che non credevano più nella possibilità di uscire fuori da quel tunnel che aveva condizionato la loro vita così pesantemente, e avevano preso in considerazione il suicidio. Il suicidio nei pazienti con attacchi di panico non curati, o curati male, non è raro, ma si tratta di un numero inferiore rispetto ai malati di depressione.

È difficile convivere con chi soffre di attacchi di panico?

È molto difficile, perché le richieste da parte di queste persone sono pressanti, continue e non si discutono. Bisogna aderire al loro modus vivendi, e a volte è necessaria una vera e propria vocazione per condividere determinate regole e la moltitudine dei limiti imposti.

Facciamo l'esempio di una coppia che parte per un viaggio. Ovviamente la persona che soffre di crisi di panico pone dei limiti: in aereo non salgo, la nave deve essere immensa, quel tipo di macchina no… Che cosa succede? Magari lui o lei è portato a dire: ma guarda che ci sono io, ti devi vincere, ti devi far forza. Qual è il comportamento migliore? Chiedergli di seguirci per amore, o assecondarlo ed evitare quei luoghi che lo spaventano?

Si dovrebbe avere, consapevolmente, un ruolo di sostegno, di aiuto e di incoraggiamento. Il conflitto non può essere risolto con un braccio di ferro, perché porterebbe a un inutile e dannoso scontro frontale. Fino a quando non si trova il percorso terapeutico più idoneo, è opportuno assecondare il più possibile queste persone: un atteggiamento aggressivo non sortirebbe alcun risultato utile.

Gli attacchi di panico sono in aumento?

Sembra proprio di sì. Ma è pur vero che oggi se ne parla di più, e questo aumenta la possibilità di riconoscerli prima.

È però anche cresciuta la nostra dose di stress, diventato ormai tra i principali fattori di scatenamento di questo disturbo. Va poi considerata l'inarrestabile marcia della donna verso una emancipazione completa, definitiva. Il che la ha sottoposta, come ho già sottolineato, a pressioni sociali talvolta asfissianti, con un incremento delle donne colpite sia dagli attacchi di panico sia dalla depressione.

Va registrato inoltre l'enorme aumento, soprattutto tra i giovani, del consumo di sostanze di varia natura, come le amfetamine, la cocaina, la cannabis, sostanze psicoattive che alterano drasticamente l'equilibrio del nostro cervello. Senza parlare, poi, degli alcolici, che possono favorire una precoce comparsa di questo disturbo. Infatti, l'alcol ha una duplice azione: inizialmente viene assunto perché ha un effetto rilassante, disinibente, ma subito dopo diventa eccitante, quindi, indirettamente, può scatenare delle crisi di panico.

Gli psicofarmaci influiscono sugli attacchi di panico?

Gli psicofarmaci non scatenano gli attacchi di panico. Ma spesso chi soffre di questo disturbo tende a evitarli, temendo di perdere il controllo di sé e, quindi, di ricadere in un attacco di panico ancora peggiore. I pazienti che decidono di prendere i farmaci leggono prima il foglietto contenuto all'interno dei medicinali. Poi, dopo pochi minuti, suggestionati, avvertono buona parte dei sintomi lì riportati.

È utile dire ai pazienti di non coltivare questa abitudine, ma di prendere nota dei sintomi e degli effetti collaterali che nelle fasi iniziali il farmaco può dare.

E la dieta? Alcuni cibi possono aiutare lo scatenamento della crisi di panico?

No, direi proprio di no, ma, lo ricordo ancora, alcune diete estreme possono sottrarre determinati principi nutrizionali, importanti per il nostro organismo, come per esempio i carboidrati, necessari a produrre adeguate quantità di serotonina nel cervello.

Alcune persone hanno un bisogno irrefrenabile di zucchero in diversi momenti della giornata. È un bisogno di serotonina?

Sono soprattutto le persone che svolgono un'intensa attività intellettuale: in determinati momenti della giornata, il cervello chiede loro una dose di energia in più. I carboidrati consentono un substrato calorico energetico immediato, di pronto utilizzo. Pensiamo agli inglesi, in particolare alla loro inveterata abitudine del tea-time, cioè di assumere dolci (che forniscono una sferzata di energia) e il tè (che contiene teofillina), sostanza nervina con un alto potere energetico e stimolante.

Alcune malattie possono contribuire allo scatenamento di attacchi di panico?

Ci sono situazioni in cui si può parlare di un'associazione di attacchi di panico con altri disturbi. Constatiamo, per esempio, che in alcune malattie gravi, come il cancro, il paziente può avere una crisi di panico quando viene a conoscenza della diagnosi. Oggi, accanto all'oncologo, è prevista sempre più la presenza di una figura di supporto, che si occupa di «psico-oncologia», cioè del supporto psicologico per i pazienti che hanno ricevuto una diagnosi terribile come quella del cancro. È un aspetto importante, perché il cervello è in grado di influire, oltre che su una serie di funzioni legate alla circolazione, al metabolismo, alla motilità intestinale, anche sul nostro sistema immunitario. Infatti, oggi un filone molto affascinante di ricerca è la psico-neuro-immuno-endocrinologia, volto a capire quanto il cervello e i sistemi immunitario, ormonale e nervoso siano collegati in una sorta di continuo scambio di informazioni. Ci sono delle crisi di panico che si associano a una serie di malattie organiche, che vanno dall'infarto, all'ipertensione, al diabete, ai disturbi della tiroide.

Quindi anche i disordini ormonali possono influire?

Sì. Anche la menopausa. Questo sconvolgimento ormonale influisce negativamente sui rapporti tra i vari organi, provocando uno scompenso che non è facile riequilibrare se non con un'accorta e opportuna terapia, in cui si riconoscono diverse sostanze tra loro complementari.

Che ruolo possono avere l'ipertensione o l'ipotensione nell'insorgenza di attacchi di panico?

L'attacco di panico può simulare crisi ipertensive, tant'è vero che molti pazienti, nonostante assumano correttamente farmaci anti-ipertensivi, vanno incontro a delle brusche oscillazioni della pressione in modo inaspettato. In questi casi, l'integrazione della terapia anti-ipertensiva e di una terapia specifica per gli attacchi di panico porta al miglioramento o alla scomparsa delle crisi ipertensive.

Com'è la persona che soffre di attacchi di panico: irritabile, depressa, triste? Qual è la sua personalità?

Può oscillare tra una lieve euforia e un pessimismo cupo. Come se la persona, consapevole del grave problema che affligge la sua qualità di vita, si concedesse dei momenti di ilarità, di euforia, che poi corrispondono a momenti di maggiore creatività, di capacità di raggiungere degli obiettivi. Il suo umore è come un pendolo, fluttuante anche nel corso della stessa giornata.

Che rapporto c'è tra attacchi di panico e mal di testa?

Alcune persone che soffrono di attacchi di panico possono contemporaneamente soffrire anche di cefalea, di tipo sia tensivo sia emicranico. Presentano anche un altro disturbo: il bruxismo. Tendono cioè a digrignare i denti, a serrare costantemente la mascella persino nel riposo notturno. Questo disturbo dà luogo nel tempo a una contrazione protratta dei muscoli masticatori e anche di quelli che rivestono il capo, provocando, a lungo andare, una cefalea da tensione muscolare, da stress.

Chi soffre di attacchi di panico è molto sensibile agli stimoli ambientali? Soffre per i rumori troppo forti, si commuove facilmente, risente dei cambiamenti meteorologici?

Alcune crisi di panico insorgono maggiormente nel periodo premestruale, 2-3 giorni prima del ciclo. Nonostante non ci sia un accordo scientifico, si ritiene che l'alternarsi delle stagioni e, soprattutto, i cambiamenti improvvisi del tempo possano avere una qualche influenza. Anche perché nell'epoca in cui viviamo i mutamenti meteorologici sono sempre più estremi, più repentini, e comportano quindi una maggiore difficoltà di adattamento.

I ritmi di vita molto veloci, frenetici, possono provocare l'insorgere di attacchi di panico?

Tutto ciò che scardina all'improvviso il nostro equilibrio e ci costringe a un cambiamento di vita forzato (come per esempio un trasloco) può accentuare la comparsa di disturbi del comportamento, che possono poi configurare un periodo di attacchi di panico ricorrenti. In queste fasi è necessario rivedere la cura farmacologica, perché la dose di stress è talmente elevata che si possono avere dei crolli psicofisici.

Stiamo parlando di persone fragili, sensibili. Ma persone molto sicure di sé possono avere crisi di panico?

Direi che, proprio nelle persone molto sicure di sé (che si illudono di avere un controllo totale su tutto), l'attacco di panico è più che mai deflagrante, perché non riescono a spiegarselo, non riescono ad accettarlo. Iniziano a rimuginare, cominciano a effettuare accertamenti diagnostici vari. Non sopportano l'idea di essere fragili, vulnerabili.

E il rapporto con la depressione?

L'attacco di panico si affianca molto spesso alla depressione, ma anche alla fobia sociale, al disturbo ossessivo compulsivo e all'ansia generalizzata. Secondo alcuni dati epidemiologici, oltre il 35-40 per cento dei pazienti con crisi di panico presenta pure i sintomi della depressione, indotta non solo da una ridotta azione della serotonina nel cervello, ma anche da una pessima qualità della vita, caratterizzata in prevalenza da rinunce e costrizioni.

Capita frequentemente che persone depresse, nel corso della malattia, possano avere ripetute crisi di panico. Attacchi di panico e depressione sono due disturbi strettamente collegati, tanto che a volte l'uno preannuncia l'esordio dell'altro. Tuttavia, in genere sono i pazienti con attacchi di panico quelli che possono sviluppare più facilmente una depressione.

Inoltre, in ambito farmacologico, continua la ricerca per curare le due principali forme di depressione: quella maggiore, detta «endogena», e la minore, detta «distimica». Con quest'ultimo termine si indica quel disturbo che induce le persone a essere estremamente riservate, dimesse, isolate. Si tratta di espressioni della depressione che possono durare anche a lungo perché talora si intrecciano anche con personalità timide, asociali e insicure.

La depressione maggiore, quella endogena, si manifesta a cicli?

È ricorrente e a volte si unisce al «disturbo bipolare», quello che una volta si chiamava psicosi maniaco-depressiva, in cui i pazienti alternano periodi di depressione profonda, catatonica (con blocco ideo-motorio e con un quadro clinico invalidante), a una fase disinibita di tipo maniacale, euforica.

Oggi si cerca di capire, attraverso la storia clinica del paziente, quanto spesso questo disturbo si verifichi per accompagnare la terapia farmacologica antidepressiva a degli stabilizzatori dell'umore.

Da qualche parte si è sostenuto che gli antidepressivi avrebbero sui pazienti gravissime conseguenze. È vero?

Accade esattamente il contrario. L'utilizzo dei farmaci antidepressivi ha ridotto notevolmente l'incidenza e la frequenza degli atti autolesivi. Ritengo che la migliore soluzione sia però il ricorso a una politerapia, vale a dire la prescrizione di diverse categorie di farmaci a basso dosaggio che consente, a mio avviso, di ristabilire quell'equilibrio che nel paziente è stato compromesso.

C'è da rilevare che, talvolta, le aspettative nei confronti di questi medicamenti vengono erroneamente enfatizzate, o volutamente distorte. I farmaci in questione non cambiano il carattere, possono provocare all'inizio modesti effetti collaterali, che paradossalmente segnalano che la medicina prescritta sta andando a modificare con gradualità l'equilibrio preesistente.

Inutile dire che la contemporanea assunzione di psicofarmaci e alcolici non solo è del tutto incompatibile (e perciò dannosa), ma può addirittura potenziare gli effetti collaterali, con conseguenze imprevedibili. Infine desidero sottolineare che il tipo di farmaci di cui stiamo discorrendo non provoca dipendenza, al contrario di quanto accade per la psicoanalisi.

Per gli attacchi di panico abbiamo visto qual è il percorso della paura. Per quanto riguarda la depressione che cosa accade? Anche qui sono coinvolte l'amigdala e l'ippocampo?

Nella depressione ci sono aree nel cervello che vengono maggiormente coinvolte, soprattutto alcune regioni della corteccia prefrontale. Attraverso alcuni strumenti come la Pet e la Spect, ma anche la risonanza magnetica funzionale è stato possibile studiare e visualizzare il cervello in azione dopo la somministrazione di captanti che, una volta assorbiti, permettono di individuare il calo (che si verifica nella persona depressa) di alcuni neurotrasmettitori, come la serotonina e la dopamina.

Quindi si può fotografare anche il cervello del depresso?

Sì. E oggi è possibile descrivere le differenze, nelle immagini ricavate, che si hanno prima e dopo la terapia farmacologica. Questo a conferma del fatto che le cure utilizzate incidono prima sulla struttura, sulla morfologia del cervello e poi sulle sue funzioni, facendo cambiare «aspetto» a quest'organo. Quanto ho appena detto può essere valido anche per alcune forme di psicoterapia.

Che cosa si vede?

Che le alterazioni riguardano soprattutto la corteccia prefrontale e l'ippocampo, due zone che nei depressi lavorerebbero meno delle altre, sarebbero cioè più «pigre».

Abbiamo parlato dello stress come di una delle concause degli attacchi di panico. Per la depressione, oltre ai fattori genetici ereditari e a quelli predisponenti, ci sono anche situazioni particolari legate a determinati periodi della vita? Penso al pensionamento, alla menopausa.

Sì. Al riguardo, c'è da fare una considerazione di carattere sociologico. Fin quando lavoriamo abbiamo degli interessi, dedichiamo al lavoro le nostre migliori e maggiori energie. Stabiliamo con esso un rapporto di amore e odio: ci sentiamo schiavi, ma non vogliamo essere liberati.

Si arriva alla pensione e quindi all'uscita di scena. Superata la sbornia della prima fase euforica in cui ci si rende conto di essere tornati padroni del nostro tempo, segue un'involuzione pericolosa, perché ci accorgiamo di essere meno interpellati di prima, di essere meno richiesti; il nostro giudizio conta relativamente perché veniamo collocati in una fascia sociale, quella del pensionato, che ormai ha già dato tutto quello che poteva dare.

Ma allora che succede se di colpo ci sentiamo estromessi dalla comunità sociale e dai circuiti della competizione?

Ci ribelliamo, entriamo in conflitto con noi stessi. La nostra giornata non è più tesa al raggiungimento di alcuni obiettivi. Ecco, il rischio può nascere quando veniamo catapultati improvvisamente e pericolosamente verso noi stessi, cominciamo ad ascoltarci, ad angosciarci: vengono meno il progetto di vita, la capacità di proiettarci nel futuro, una vita sociale in espansione, i rapporti interpersonali, e questo in una società che ci vuole sempre e comunque protagonisti.

La situazione diventa insopportabile perché anche nell'ambito familiare bisogna riprogrammare e rinegoziare la nostra collocazione, cambiare gli spazi, le abitudini. Diventiamo degli inquilini maldestri, ma anche fastidiosi. Ci sentiamo superati, finiti. Aumenta il senso di solitudine, di tristezza e, di conseguenza, la depressione. Questo accade di meno nelle persone che hanno progettato per tempo quello che faranno dopo aver dovuto abbandonare il lavoro.

La depressione colpisce anche i bambini?

La depressione, pure se con caratteristiche e modalità diverse, può colpire qualunque fascia di età. Anche i bambini o gli adolescenti, che spesso non sono adeguatamente curati, seguiti, perché vengono sottovalutati i loro disagi. Mandano infatti segnali che vanno interpretati, come il calo del rendimento scolastico, la tendenza all'isolamento, la perdita di interessi, il pessimo senso di autostima, un repentino cambiamento di umore, un'aggressività rabbiosa che emerge, il mutamento di interessi, improvviso e inspiegabile. Sono tutti segni rivelatori di una depressione che si sta manifestando e che progressivamente scompaginerà la vita e la serenità di quel bambino o di quell'adolescente.

Come aiutare gli adolescenti che soffrono di depressione?

Utilizzando gli stessi strumenti necessari per curare gli adulti: i farmaci e la psicoterapia. Negli adolescenti, il disagio mentale è spesso sottovalutato perché si presenta, da un punto di vista clinico, con aspetti diversi da quelli della depressione classica.

Ma non c'è un abuso della parola depressione?

A volte si tende a confondere la depressione con alcuni cali di umore, o stati d'animo particolari, che rientrano nelle oscillazioni fisiologiche del nostro tono d'umore.

Torniano agli attacchi di panico. Se una persona che ne soffre non cerca di curarsi, che cosa succede? Gli attacchi aumentano?

Non soltanto aumentano, ma quella persona entra in uno stato di progressiva involuzione che investe tutta la sua vita. Se, viceversa, la cura è tempestiva, la guarigione è più facile, a portata di mano. Il paziente sarà sempre meno propenso a credere alla bugia del suo cervello. E potrà recuperare rapidamente sia l'autostima sia una vita normale.

Ma si può guarire del tutto dagli attacchi di panico?

Assolutamente sì, anche perché nel tempo gli attacchi di panico tendono a sparire del tutto. La persona si desensibilizza con gradualità verso quelle situazioni fortemente temute e riacquista un normale approccio alla vita. E nel caso di attacchi residui, potrà contare su un periodo di recupero molto più rapido rispetto al passato.

E l'approccio psicoanalitico è utile?

L'approccio psicoanalitico può essere utile quando è breve. Non ho nulla contro la psicoanalisi, non amo però che il paziente venga sottratto alla terapia farmacologica (fondamentale nella cura di questo disturbo) e non ritengo utile né proficua una soluzione che si protrae a volte anche per 15-20 anni.

Ma c'è, invece, una forma di psicoterapia molto utile che può affiancare quella farmacologica: la psicoterapia cognitivo-comportamentale, che aiuta il paziente a modificare a poco a poco il suo comportamento, le sue decisioni, e le sue idee nei confronti di tutto quello che istintivamente sarebbe portato a evitare.

Per alcuni psicoanalisti le nostre fobie avrebbero un senso, cioè sarebbero un messaggio del nostro inconscio a proposito di problemi non risolti della nostra vita. È così?

Non credo a questa lettura che pone il subconscio al centro di tutta una serie di passaggi interminabili, contorti e difficili da interpretare. Mi sembrano dei paradigmi di comodo per spiegare in maniera riduttiva un fenomeno che va letto, invece, come uno dei tanti fenomeni fisici, in quanto interessa il cervello, un organo a tutti gli effetti. L'attacco di panico è, e rimane, una malattia come tutte le altre.

L'ipnosi è una terapia utilizzata per curare gli attacchi di panico?

Può avere una sua utilità (insieme ad altre terapie non farmacologiche), ma deve essere effettuata da veri esperti. È uno strumento che, se adeguatamente utilizzato, può essere integrato ad altre terapie per vincere le barriere emotive che rappresentano spesso un ostacolo a quella alleanza terapeutica necessaria alla risoluzione del problema.

Vorrei che mi dicesse a quale metodologia di cura fa più spesso ricorso.

Prescrivo ai pazienti una terapia farmacologica, utilizzando dosaggi molto più bassi rispetto ai protocolli consigliati per curare questo disturbo. Sono convinto che la gradualità riduca sensibilmente gli effetti collaterali, producendo così una minore resistenza da parte del paziente ad accettare la cura.

Inoltre, sin dall'inizio, gli chiedo di compilarmi una lista delle dieci cose che teme di più. Si concorda, quindi, un modo di affrontare, al meglio, alcune di queste paure e propongo una esposizione graduale alle situazioni temute, che lo farà andare allo sbaraglio, ma provvisto, solo all'inizio, di un paracadute che potrà azionare lui...

E qual è?

Il paziente deve ritornare a essere autonomo, e capace di affrontare da solo eventuali «emergenze», senza chiedere aiuto. E allora, mentre si espone gradualmente ai «pericoli», se dovesse avere un attacco di panico potrà intervenire con l'assunzione di una terapia concordata in precedenza. Diventando più autonomo, il paziente riscopre sia l'autostima sia la capacità di controllo. Si rende conto di essere lui stesso l'artefice del cambiamento e dei progressi raggiunti. Potranno ovviamente verificarsi ricadute o incidenti di percorso, ma ciò non impedirà di raggiungere l'obiettivo finale.

La terapia può durare un anno, o poco di più. E già dal settimo-ottavo mese si comincia lentamente a ridurre la cura, proseguendo quel programma che progressivamente riporta il paziente a essere autonomo.

Chi sono i pazienti che si rivolgono a lei?

Sono della più varia estrazione sociale e culturale, molti sono reduci da tanti anni di terapia psicoanalitica.

Ha mai ricevuto critiche riguardo al suo metodo?

Prevalentemente dagli psicoanalisti. Motivano le loro censure adducendo che il mio lavoro ha uno scopo sostanzialmente sintomatico attribuendosi, a loro volta, vere e definitive finalità terapeutiche. Ciò non corrisponde, ovviamente, alla realtà.

Che percentuali di riuscita ha avuto finora?

Molto alte anche in casi veramente difficili, quelli cosiddetti «incurabili». Molti ricorderanno il caso del tassista romano colpito da un attacco di panico mentre era in macchina per lavoro. La paura che provò fu talmente devastante che lo indusse a parcheggiare la sua auto, una vecchissima 131 Mirafiori, sotto le mura del Policlinico, a un passo dal Pronto soccorso. Quest'uomo viveva con grande dignità, come una sorta di «eremita metropolitano», confinato, suo malgrado, nella vettura. All'interno c'era di tutto: pentole, vestiti, rotoli di carta, generi di utilità quotidiana. Si spostava solo per andare in bagno, utilizzando il bar che si trovava a dieci metri dalla sua macchina. Era diventato famoso perché di lui avevano parlato i giornali ed erano state coinvolte tante persone: dal sindaco al presidente della Regione, al direttore del Policlinico, ai medici. Insomma era diventato una star. Molte reti televisive si erano interessate al suo caso e, in seguito, hanno più volte documentato la storia.

Claudio Marincola, giornalista del «Messaggero», dopo un'intervista da me concessa alla Rai, mi telefonò chiedendomi di occuparmi del «caso Attilio». Una situazione veramente struggente in cui ho prestato la mia opera professionale raggiungendo risultati soddisfacenti. La vita di quest'uomo è cambiata, mi chiama spesso per salutarmi e comunicarmi la sua riconoscenza. Anche se penso che la sua vera fortuna sia stata aver incontrato un giornalista bravo e umano, che sin dal primo momento ha preso a cuore il suo dramma.

È vero che le prime conquiste ottenute rafforzano nel paziente la volontà di proseguire con entusiasmo?

Sì. Il paziente si rende conto che il suo è un problema reale, che quello che prova è una malattia a tutti gli effetti. Ma sono soprattutto le emozioni che scaturiscono dai primi successi, anche apparentemente banali, che hanno su di lui una forza propulsiva straordinaria. A quel punto non si sente più solo, perché vede riconosciuto il suo dolore, la sua paura. Si sente supportato, capito, ed è consapevole di poter comunicare liberamente quello che prima era per lui un angosciante pensiero.

Abbiamo parlato della terapia psicologica breve e di quella farmacologica e di come possano essere integrate. Che cos'altro può favorire la guarigione dagli attacchi di panico? Lei ha parlato di un'attività sportiva quasi quotidiana.

A tutti i pazienti «prescrivo» anche un'attività fisica regolare. È importante per loro mantenere questo tipo di impegno in modo continuo. Attraverso lo sport e il movimento si producono nel nostro organismo sostanze benefiche, utilissime per il cervello. L'attività fisica fa emergere i pensieri positivi e aumenta il senso di autostima. Migliora, inoltre, sia la respirazione sia il rapporto con tutte le sensazioni provenienti dal corpo. Quando prevale la dimensione fisica, il cervello riposa.

La meditazione, lo yoga?

Sono tutte pratiche dolci per ritrovare noi stessi, per rispettarci di più. La meditazione aiuta a sdrammatizzare lo stato di tensione che è dentro di noi, a spostare l'attenzione verso qualcosa di diverso.

Il gioco?

Anche il gioco, quando viene fatto in maniera rilassante, socializzante, quando le finalità sono quelle della comunicazione.

La lettura?

La lettura è importante soprattutto perché ci aiuta a raggiungere un rapporto esclusivo con qualcosa, il libro appunto, a identificarci con i personaggi, ad aumentare lo spirito critico.

La lettura è anche una forma di prevenzione per alcune malattie neurodegenerative. Gli interessi cognitivi, mentali, l'interazione intellettuale aiutano a prevenire soprattutto quelle malattie che colpiscono la nostra memoria. Non dimentichiamo mai che il cervello è un organo flessibile, che può modificare la sua configurazione. L'apprendimento dura tutta la vita.

Si può apprendere con la stessa intensità tutta la vita?

Sì. Anche se poi subentra un certo rallentamento dovuto a un invecchiamento fisiologico, che per il nostro cervello può essere progressivo, lento e armonico. Vediamo e sentiamo di meno, percepiamo gli odori e i sapori in modo più affievolito. Sembriamo meno rapidi, meno veloci nell'elaborare, nel comprendere alcuni significati, però il cervello ha una sua potenzialità che rimane integra fino alla fine.

La persona che ha attacchi di panico e fobie ha un'intensa attività mentale, un monologo ossessivo nella sua testa che non riesce a interrompere, pensieri frammentati. Esercizi e tecniche per allenare la concentrazione possono essere utili?

Il pensiero delle persone che soffrono di attacchi di panico è tutto orientato verso la difesa e la protezione della propria persona. Ma già dopo il primo incontro col medico il paziente si sente alleggerito da un eccessivo fardello. È sollevato perché può condividere un dramma con qualcuno in grado di capirlo. Sente di aver finalmente depositato un enorme macigno nelle mani di un altro. È come liberare improvvisamente la mente da mille pensieri e paure.

La terapia farmacologica contro gli attacchi di panico e l'ansia può servire anche a eliminare tutti quei pensieri spazzatura che inquinano il cervello?

Certo. Alcuni pazienti mi raccontano, dopo qualche mese di cura, quali idee strane, bizzarre affollassero la loro mente dalla mattina alla sera. E come questi pensieri fossero inutili e dannosi per loro, costretti a tenere alta la guardia per evitare rischi e pericoli sempre in agguato, a subire percorsi e abitudini strane pur di sottrarsi a quella paura sempre incombente: rimanere intrappolati, bloccati.

Mi viene in mente un caso. Si tratta di un giovane sacerdote, molto amato dai suoi parrocchiani. Aveva iniziato a soffrire di attacchi di panico proprio mentre celebrava la messa. Una volta ebbe un malore durante un battesimo e da allora decise di ritirarsi. Lo incontrai. E mi apparve turbato, in palese conflitto: non sapeva come interpretare quei terribili sintomi che stavano mettendo a rischio la sua vocazione.

Aveva provato più volte a scacciare, a reprimere quella tremenda paura che lo aveva paralizzato davanti ai fedeli. Gli venne istintivo chiedere aiuto e pregare. Sapeva che, se fosse andato avanti così, avrebbe dovuto abbandonare la sua parrocchia. Quando gli spiegai l'origine e le cause dei suoi disturbi continuò a essere afflitto dai dubbi e dalle incertezze. Si sentiva in colpa per non essere riuscito a «dominare» con strumenti diversi quei sintomi che avevano improvvisamente stravolto il suo equilibrio e la sua vita. Fece molte resistenze quando gli dissi che dovevamo iniziare una terapia farmacologica. Gli esposi con chiarezza perché era necessaria. Infine accettò di seguire la cura. Cominciò subito a fare progressi e dopo un mese tornò alle sue cose e raccontò ai parrocchiani quello che gli era successo. Mi disse che da allora aveva ritrovato il migliore entusiasmo e la fiducia in se stesso. Quel sacerdote che è uscito dal tunnel del panico ne ha ricavato un'esperienza che lo ha rafforzato. Perché ha provato sulla sua pelle una dimensione di sofferenza e di dolore che più volte ha incontrato nell'esistenza di altre persone.

Soffrire di attacchi di panico può portare a rivoluzionare la propria vita. Perfino a perdere il lavoro?

Sì. Mi ricordo che una volta ero ospite in una emittente televisiva locale, invitato a parlare in diretta di attacchi di panico. A un certo punto, tra le telefonate, ne arriva una di un signore che aveva vicino la moglie, la quale lo assisteva mentre lui parlava in modo concitato. Disse: «Guardi, io soffro di attacchi di panico da tanti anni, avevo un'attività lavorativa florida, ero un assicuratore, andava tutto benissimo, poi gli attacchi di panico e quindi il tracollo. Vivo ormai come uno costretto agli arresti domiciliari. Recluso in casa senza più uscire, senza incontrare o vedere nessuno. Ho acceso la televisione in maniera svogliata. Preso dalla disperazione, avevo già messo il piede sul davanzale per buttarmi di sotto». Voleva farla finita.

Ha detto proprio così: «Stavo per buttarmi di sotto quando all'improvviso... io non ho visto il suo volto, ma ho sentito la sua voce e quello che lei diceva mi ha incuriosito. Nel momento in cui ho avuto questa esitazione è entrata mia moglie nella stanza, mi ha preso per il braccio, mi ha tirato indietro. Però poi ci siamo fermati a sentire lei». Ha continuato, sempre in diretta: «Io soffro di attacchi di panico da tantissimi anni, non ho più una lira, ho speso fino all'ultimo centesimo per curarmi senza alcun risultato. E adesso eccomi qui». Gli risposi che mi sarei occupato di lui, che l'avrei chiamato appena uscito di lì. È venuto da me in studio più volte, l'ho curato, adesso è guarito.

Per quanto tempo aveva sofferto di attacchi di panico?

Quindici anni. La cura è durata 8 mesi e poi ne è uscito completamente, ha ripreso la sua attività lavorativa e non ha più avuto problemi.

Tra queste persone che si rivolgono a lei non c'è differenza di ceto sociale o livello culturale? L'attacco di panico, come la depressione, è democratico?

È altrettanto «democratico». Non si preoccupa di chiedere lo «status sociale» delle vittime scelte. Ci sono persone che durante l'incontro comunicano quello che hanno provato utilizzando soprattutto il linguaggio del corpo. Tendenzialmente sono portate a mimare platealmente i sintomi dell'attacco di panico, preoccupate di essere capite, comprese.

Nessun fallimento?

Ho avuto qualche paziente che non ha mai deciso di iniziare la cura, perché terrorizzato dalle medicine. Mentre altri hanno «interpretato» la terapia applicando l'ormai noto metodo del «fai da te». In alcuni casi il paziente si è rivolto all'«esperto» di turno che gli ha proposto miracolosi metodi alternativi.

Lei è spesso invitato in televisione a parlare di questo argomento. Che tipo di messaggio cerca di dare?

Cerco, quando me ne danno la possibilità, di far capire alla gente quanto sia diffuso e ingiustificato il pregiudizio nei confronti dei farmaci. A volte mi convocano come esperto per trovare una soluzione spesso difficile, e cioè recuperare i danni prodotti da una malattia non adeguatamente curata.

Di recente sono stato invitato a partecipare a una trasmissione nel corso della quale mi ha interpellato una signora. Mi racconta che la madre è morta quando lei aveva solo 4 anni ed è vissuta con una matrigna. Una volta, da bambina, al supermercato vede degli spiccioli e se li mette in tasca. Arrivata a casa lo racconta alla matrigna, che l'accusa di furto. La bambina ha il suo primo attacco di panico che poi si ripete per moltissimi anni e che condiziona pesantemente tutta la sua esistenza. Da quel momento solo la vista di una borsa le produceva delle crisi violente. Accetto di aiutarla. Viene da me e cominciamo la cura. Dopo 40 giorni mi telefona e mi dice che si è finalmente sbloccata e che la vista di una borsa non le procura più alcun tipo di sofferenza né di disagio.

Questa donna aveva attacchi di panico solo quando vedeva una borsa?

Sì. Evidentemente la borsa era il simbolo attraverso cui si mostrava la realtà che l'aveva fatta tanto soffrire.

Quindi può accadere che si abbiano crisi di panico solo in una determinata situazione? Situazione che viene accuratamente evitata?

Proprio così. Penso a una signora, quella commerciante del cui caso ho già parlato, che per tanti anni aveva tenuto nascosto il suo segreto: aveva paura di firmare qualsiasi cosa, un assegno, un documento, una richiesta, davanti ad altre persone. Ora doveva comprare una casa, quindi l'insidia era divisa in due passaggi diversi: il preliminare e il rogito. Le ho dato una terapia di base e una terapia da seguire a partire dai due giorni precedenti il compromesso. La terapia di base avrebbe messo a riposo temporaneo l'amigdala, che altrimenti avrebbe suonato l'allarme, impedendole di firmare. Se non si fosse curata, sarebbe stata probabilmente costretta a rinunciare all'acquisto della casa tanto sognata.

Qualche giorno dopo mi chiama entusiasta: «Ce l'ho fatta!» grida. Arriva il momento del rogito e la signora mette tranquillamente la sua firma. Da allora si è liberata del tutto del suo angosciante problema.

VIII

Contro la psicoanalisi

Perché è così critico nei confronti della psicoanalisi?

Io non ce l'ho con la psicoanalisi, bensì con i suoi eccessi. Mi spiego: la psicoanalisi si autodefinisce «dottrina per la liberazione ed emancipazione della persona», dell'individuo. Ciò mi sembra molto contradditorio. Non vedo certo venti di liberazione. Tutt'altro. Ho la sensazione, invece, che gli psicoanalisti più ortodossi, i «guardiani del tempio», siano molto indispettiti da questa straordinaria fase che ha portato a interessanti risultati nel campo delle neuroscienze.

Sono convinto che la psicoanalisi non sia una terapia, ma un interessante cammino di dialogo, di confronto, che mantiene ancora intatto il suo fascino e il suo romanticismo. Può, attraverso il suo laboratorio di fiabe e la sua vetrina di metafore suggestive, incidere sull'esistenza di una persona. Ma non è una terapia.

Non condivido nemmeno un'altra definizione che è quella di «scienza dello spirito». È un'espressione contradditoria perché, se è scienza, non è spirito, ma se è scienza, allora si deve confrontare con altre realtà scientifiche. E questo non mi sembra proprio nelle corde della dottrina. Se è spirito, poi, entriamo in un altro campo, piuttosto delicato, quello del trascendente, e allora è di pertinenza teologica. «Scienza dello spirito» è un ossimoro ambiguo e ambizioso, analogo a quello che i giornalisti impiegano per descrivere un caso di cronaca quando parlano di «tragedia della normalità».

Che cosa non condivide della terapia psicoanalitica?

Non vorrei apparire irriverente, ma penso che la psicoanalisi debba seriamente rivedere i suoi precetti, i suoi insegnamenti, le sue regole d'ingaggio, nell'interesse dei malati. Non si può tenere inchiodata a un lettino, per anni e anni, una persona che soffre di attacchi di panico, costringendola a parlare della madre, del padre, dei nonni. Questo è dialogo, non è una cura, e i pazienti lo devono sapere. Perché nel frattempo gli attacchi di panico continuano, peggiorano.

Perché ha chiamato gli psicoanalisti i «guardiani del tempio»?

Non mi sento certo Achille che vuole conquistare Troia, la città dalle belle mura, ma il tempio sta scricchiolando ovunque e gli psicoanalisti ortodossi se ne sono accorti. Si sono messi sulla difensiva evitando di dialogare con tutte le realtà del mondo scientifico. Ancora oggi attendiamo delle evidenze convincenti circa la reale efficacia della psicoanalisi come metodo di cura.

Non è possibile che gli psicoanalisti, immersi comodamente nei loro salotti dorati, pretendano dai propri pazienti una vocazione al dolore, elogiando la loro sofferenza. Ed è insopportabile questa continua campagna di criminalizzazione dei farmaci per fare proselitismo a favore della propria dottrina.

E quindi?

E quindi ritengo che tutto ciò che ritarda l'assunzione della terapia farmacologica nel disagio mentale, e in particolar modo negli attacchi di panico, favorisca non solo la cronicizzazione di questo disturbo, ma sottoponga anche inutilmente i pazienti a sopportare una dose di stress che, a lungo andare, può avere effetti negativi sulla loro salute psicofisica.

Va ribadito con chiarezza che la terapia medica non è l'aiutino al paziente, non è il cuscino in faccia per interrompere il suo pianto, bensì il pilastro fondamentale da cui bisogna partire se si vuole davvero modificare l'evoluzione di malattie che spontaneamente si aggravano fino a cronicizzare.

Ma quali sono, se ci sono, i casi in cui solo l'intervento psicoanalitico può essere efficace?

Di certo non lo è per una persona che soffre di attacchi di panico. Può essere efficace, paradossalmente, per le persone sane. Per coloro che desiderano, in una sorta di itinerario esistenziale retrospettivo, verificare i propri rapporti, monitorando le dinamiche personali, mettendosi umilmente in discussione, cercando non tanto di cambiare i propri valori e le proprie opinioni, ma apprendendo modalità diverse, alternative, di viverli e comunicarli.

È certamente un percorso affascinante, perché è costruito su se stessi e se ne possono valutare nel tempo la stabilità e l'armonia.

E per i malati, la psicoanalisi non è mai utile?

Non vedo punti di contatto tra la malattia e la psicoanalisi, perché nel momento in cui essa si propone come unica terapia esistente, definendo «terapie sintomatiche» tutto ciò che ne è al di fuori, si capisce bene che siamo al riduzionismo.

Nel passato la psicoanalisi aveva una maggiore legittimità?

Storicamente, sì. Perché, negli anni Sessanta, era un po' il mastice che legava i vari movimenti di ribellione e di emancipazione che all'epoca andavano di moda. La psicoanalisi rispondeva idealmente all'insubordinazione nella famiglia, alla contestazione nelle scuole, ma anche a tutte le diverse forme di trasgressione nei confronti di un'oppressione culturale diffusa tra le generazioni. Accoglieva le richieste di coloro che cercavano di collocarsi in una dimensione di vita diversa, supportati da un'identità fresca e nuova. Traeva energie anche dai nuovi gruppi di musica rock, da un nuovo illuminismo culturale che penetrava in tutti gli ambiti: nel cinema, nella letteratura, nella moda.

Facciamo un esempio. Musica rock...

Mi viene in mente quella straordinaria stagione che sancì la nascita dei Pink Floyd: con la loro musica psichedelica irruppero come un terremoto con suoni e atmosfere che fecero da traino a movimenti politici portatori di forti istanze di rinnovamento. E a proposito di stili musicali, vorrei fare una battuta e dire che la psicoanalisi «non è rock, è lenta».

E il rapporto tra psicoanalisi e cinema?

L'esempio più paradigmatico è stato quello di Woody Allen, certamente tra i primi a spettacolarizzare un'epoca in cui l'ingombrante figura dello psicoanalista sembrava necessaria anche per risolvere i problemi più insignificanti e banali della vita quotidiana. Infatti veniva rappresentato come una sorta di badante della mente, di maestro di vita che influenzava le più piccole decisioni sminuendo le capacità decisionali e operative del malcapitato.

Venivano chiamati anche «strizzacervelli». Perché?

Penso che questa sia una delle poche volte in cui la definizione circa il ruolo svolto dalla psicoanalisi sulla persona sia stata piuttosto sofferta dagli stessi psicoanalisti, i quali hanno sempre dimostrato una tenace resistenza ad accettare il cervello per quello che è, cioè un organo. Tanto è vero che quando si riferiscono al cervello preferiscono saltare l'ostacolo e utilizzare il termine «mente». Ciò è paradossale: la mente esiste perché esiste il cervello e non viceversa.

Il rapporto tra psicoanalisi e televisione?

La televisione, di solito, presenta la psicoanalisi come l'unica via d'uscita a certi disagi esistenziali, forse perché i giornalisti che ne parlano, per ragioni anagrafiche, sono passati attraverso le terapie psicoanalitiche. Per molti di loro è stato un percorso sofferto che hanno abbracciato con convinzione, spinti dalla necessità di risolvere i loro problemi. Ma anche perché, pur se molto di meno rispetto al passato, la psicoanalisi è una moda che viene spesso esibita come un trofeo nei salotti, nei talk show, nelle occasioni mediatiche, quasi a sottintendere l'appartenenza a un'élite culturalmente elevata.

Questo, è ovvio, influisce molto sulla linea editoriale, sulla chiave di lettura di certi fenomeni sociali e sulla modalità, sovente faziosa e incompleta, di approfondire temi piuttosto delicati. Spesso i giornalisti, per semplificare la realtà, adottano delle categorie scientifiche inesistenti che distorcono e complicano sia i contenuti sia i fatti.

Mi fa un esempio?

Prenda la parola «raptus»: sul piano scientifico non regge, non significa nulla. Ma su quello giornalistico è descrittiva, sintetizza una realtà di improvvisa esplosione di violenza e di terrore. Risulta poi difficile rimuovere queste espressioni, questi modi di comunicare, perché entrano radicalmente nel linguaggio comune.

In un articolo di Umberto Galimberti sulla «Repubblica» del 21 gennaio 2006 ho letto la seguente dichiarazione: «Il vissuto di insufficienza, causa prima della sofferenza odierna, attiva la dipendenza psicofarmacologica, dove le promesse di onnipotenza assomigliano non a caso a quelle che popolarizzano la droga. Il farmacodipendente e il tossicodipendente sono infatti due versanti di quel tipo umano che infrange la barriera fra il "tutto è possibile" e il "tutto è permesso"».

Siamo ormai al pensiero unico. Alla negazione dei risultati altrui per affermare se stessi e le proprie idee. Penso che ancora una volta si proclamano delle verità per terrorizzare chi ha bisogno di cure efficaci e per convincerlo che assumere i farmaci è un segno di debolezza e di sconfitta.

Accade lo stesso nei talk show televisivi, dove psicoanalisti disinvolti, senza contraddittorio, fanno demagogia, presentando la loro verità in barba ai risultati del mondo scientifico. Ma questo si sta rivelando un boomerang per la psicoanalisi perché è in atto una fuga massiccia di pazienti che si sentono sedotti e abbandonati. Infatti, dopo tanti anni di fedele frequentazione della dottrina si scoprono più poveri e ancora ammalati. A tale proposito, vorrei ricordare che i luoghi dove la psicoanalisi ancora resiste sono la Francia e l'Argentina, mentre negli Stati Uniti e nel resto del mondo occidentale questa disciplina è stata drasticamente ridimensionata o archiviata come un evento culturale che ha fatto il suo tempo.

Galimberti ha ripreso il discorso sulla maggiore efficacia della psicoanalisi rispetto alle terapie farmacologiche e alle altre psicoterapie in un successivo articolo sulla «Repubblica» del 9 agosto 2007: «Il tratto "anestetico" non è tipico solo delle droghe, ma anche degli psicofarmaci per il loro valore anestetizzante e quindi "nichilistico". In questo modo la differenza tra droghe e farmaci sfuma, perché la neurofarmacologia ci invita a pensare che esiste una corrispondenza qualitativa tra i composti chimici che assumiamo e quelli che fisiologicamente agiscono sulle cellule cerebrali per regolare le nostre gioie e i nostri dolori».

È un vecchio argomento, un'arma spuntata. Lo sanno molto bene le persone che si curano con i farmaci e che non vedono cambiare il proprio carattere, che continuano ad avere e vivere normalmente le loro emozioni. Equipararle a dei drogati è, a dir poco, offensivo. L'intervento farmacologico è un'incursione biologica amica in un organismo in cui è saltato l'equilibrio. Con questi strumenti, è come se tagliassimo le vie di rifornimento di quei neuroni ribelli che, prendendo il sopravvento, tengono sotto scacco una persona anche per tutta la vita.

Galimberti è un filosofo. Ma la psicoanalisi è scienza o filosofia?

Mi farebbe molto piacere rivolgere questa domanda agli psicoanalisti. È giunto il momento che facciano outing scientifico o culturale specificando chiaramente la loro caratura epistemologica, il loro metodo, affinché si possa arrivare a quella pacificazione necessaria ma, allo stato attuale, difficile. Altrimenti mi sembra, e sarebbe veramente eccessivo, che vogliamo buttare tutto in filosofia. Ma i problemi relativi alla sofferenza, al dolore e alla paura sono problemi concreti, a cui bisogna dare risposte altrettanto concrete.

Sono in molti, però, a parlare di dipendenza dai farmaci come di tossicodipendenza. Non esiste questo pericolo?

Un pericolo teorico di dipendenza può verificarsi nei pazienti che con superficialità adottano l'autoprescrizione, soprattutto con le benzodiazepine. Per quanto riguarda gli antidepressivi della prima e della seconda generazione, questo rischio è molto più remoto.

Il farmaco assunto con modalità corrette può raggiungere diversi obiettivi: primo, migliorare la qualità di vita del paziente; secondo, impedire la cronicizzazione del suo disturbo; terzo, funzionare come un induttore di plasticità positiva, grazie alla quale il cervello potrà nel tempo trovare autonomamente le soluzioni per recuperare l'equilibrio perduto.

Nel 2005 è uscito in Francia un volume di 832 pagine dal titolo «Il libro nero della psicoanalisi: vivere, pensare e star meglio senza Freud», in cui quaranta autori internazionali, filosofi, storici, psichiatri, psicologi, psicoterapeuti, ex psicoanalisti freudiani di ben dieci diverse nazionalità sostengono che la psicoanalisi è una potente e seduttiva fabbrica di favole. Non solo, spiegano che, quando guarisce, la psicoanalisi lo fa per un effetto placebo, o per il buon rapporto che alcuni analisti riescono a instaurare con alcuni pazienti, e che nel caso di molte sindromi è in netto svantaggio rispetto ad altre forme di psicoterapia e alla terapia farmacologica. È d'accordo?

Ciò che si sta verificando non è una disputa tra prime donne. In questo libro vengono ripercorse tutte le tappe del pensiero di Freud alla luce delle innovative scoperte delle neuroscienze. Il volume ha avuto un grande successo, ma ha suscitato un vespaio di polemiche da parte delle società psicoanalitiche che, come spesso accade quando vengono confutate, hanno troncato il dialogo sul nascere chiudendosi dietro la barriera ideologica tipica delle culture dogmatiche.

Condivido in pieno l'impostazione nonché il rigore scientifico applicato per trattare un tema così delicato. D'altra parte, allo stato attuale appare evidente la profonda incompatibilità tra le neuroscienze e la psicoanalisi.

A questo proposito, si parla di una nuova disciplina: la neuropsicoanalisi.

Da qualche anno si sta cercando di conciliare le principali tesi della psicoanalisi con i progressi delle neuroscienze. Come si può immaginare, è un'operazione che ha trovato qualche sostenitore, ma soprattutto detrattori.

I più tenaci oppositori di questo riavvicinamento obiettano che il modello psicoanalitico è ormai poco integrabile e comunque inadeguato a tenere il passo con gli entusiasmanti risultati ottenuti dalle neuroscienze in campo genetico, neurobiologico e delle neuroimmagini. Grazie a queste ultime si è potuta mostrare la localizzazione di importanti funzioni neurologiche, come il linguaggio, la memoria, l'apprendimento, l'attenzione, le principali emozioni e gli stati d'animo. Il che ha consentito di descrivere progressivamente la mappa cerebrale e di fornire una più precisa definizione della geografia di questo organo. Ma siamo solo all'inizio.

Ha detto che il concetto di neuropsicoanalisi ha trovato soprattutto detrattori. Lei è fra questi?

Mi annovero tra i critici di questa dottrina, che tuttavia potrebbe avere una certa utilità come metodo che ha in sé la possibilità di contribuire alla descrizione di fenomeni comportamentali talora inspiegabili. Ma non isolatamente. A tale proposito, mi auguro che si verifichi una vera e propria svolta olistica (integrata), necessaria per ottenere una migliore descrizione di quadri di disagio mentale emergenti e inquietanti.

Come mai, secondo lei, alla stesura del «Libro nero della psicoanalisi» non ha partecipato nessun italiano?

Sa che cosa mi indigna di più? La mancanza di coraggio e di coerenza di alcuni intellettuali. Mi riferisco al coraggio di portare avanti le proprie idee, di battersi fino in fondo per ciò in cui si crede. Oggi assistiamo spesso a una sorta di adulterio culturale dei valori. Le persone tradiscono facilmente se stesse, i propri ideali, per opportunismo, convenienza e superficialità.

È singolare che tutto ciò ci venga spesso presentato come una tormentata conversione accompagnata da un sofferto percorso etico, ideologico. E questo riguarda soprattutto gli intellettuali, quelli nostri, il cui compito dovrebbe essere quello di scuotere le coscienze, aiutarci a riflettere, a pensare, a farci ripartire. Non credo sia esagerato parlare di «tradimento» degli intellettuali perché non assolvono più a questa funzione. Ho la sensazione che siano molto più distratti, affetti da un narcisismo spirituale, meditativo, basato sul niente. Un narcisismo che appare superbo, arrogante, sprezzante, e che perciò definirei «narcisismo di casta».

Mi sento di dire che coraggio e coerenza sono gli ingredienti più importanti per formare quel senso di autostima e di credibilità necessari per la nostra esistenza, da cui non si può prescindere se si vuole veramente costruire una società migliore.

Il libro è curato da Catherine Meyer la quale, affermando che in Francia il 70 per cento degli psichiatri praticano o s'ispirano alla psicoanalisi, e che nelle università e nei media la psicoanalisi regna quasi incontrastata, accusa gli psicoanalisti francesi di censurare sistematicamente qualsiasi critica alla loro disciplina, «bollando le terapie nate dalla psicologia scientifica o dalle neu-

roscienze come tecniche di condizionamento che normalizzano i pazienti per farne degli individui pavloviani». Condivide le affermazioni di Catherine Meyer?

Sono pienamente d'accordo. Anche perché si percepisce, tra gli psicoanalisti ortodossi, la diffidenza e il fastidio nei confronti di sindromi e categorie diagnostiche cliniche condivise dal mondo scientifico. Quasi a marcare le distanze per un diverso linguaggio e una diversa interpretazione di ciò che si intende oggi per disagio mentale. Tutto ciò viene spesso etichettato come determinismo, se non riduzionismo.

Ma io ribadisco che non si può puntare sulla psicoanalisi come metodo di cura, perché non incide in modo significativo, tangibile, sulla plasticità cerebrale, obiettivo necessario per ripristinare una condizione di equilibrio.

D'altra parte la storia dell'umanità è abitata da rivoluzioni scientifiche, cicliche e traumatiche, dal crollo di dogmi, da evoluzioni sostanziali del nostro modo di pensare e di agire che hanno profondamente modificato il nostro modo di vivere. La stessa medicina ha dovuto spesso fare buon viso a cattivo gioco e rivedere le proprie convinzioni, le proprie certezze. Ha faticato molto ad accettare il concetto, definitivamente dimostrato, di cervello come organo plastico. Con umiltà ha orientato la ricerca, le convinzioni, partendo da questo assunto. Al di là delle dispute ideologiche, ciò che deve interessare tutti noi è far uscire chi soffre di attacchi di panico da quel penoso stato di clausura obbligata.

«In Francia la critica della psicoanalisi è un tabù» accusa la curatrice del libro. «Chi s'azzarda a rimettere in discussione la parola psicoanalitica è immediatamente accusato di revisionismo, con tutte le connotazioni negative che la parola comporta. Ma un approccio critico della psicoanalisi è più che mai necessario. Per questo abbiamo provato a riaprire il dibattito, senza preconcetti e senza timori reverenziali, ponendoci alcune domande fondamentali. La psicoanalisi è una scienza? È efficace? Si possono

valutare i suoi risultati? La leggenda di Freud contiene delle invenzioni? Per dare una risposta a tali interrogativi abbiamo dato la parola a psicologi, psichiatri, filosofi, storici, ma anche a semplici pazienti, la cui sofferenza viene di solito dimenticata. Alla fine il nostro bilancio è molto negativo.» Poiché nessun italiano ha risposto a questi quesiti vorrei che ora lo facesse lei.

Collocherei la psicoanalisi tra le scienze umanistiche, perché ora più che mai deve rivedere i suoi confini sia con la filosofia sia con la scienza. Ha ancora un grande valore storico, ma ci si dimentica spesso che Freud era un brillante neurologo che abbandonò le certezze scientifiche dell'epoca perché gli strumenti a sua disposizione non erano così sofisticati e precisi come quelli attuali. Non vorrei che qualcuno, a queste mie affermazioni, gridasse al «meccanicismo», ma sono convinto che quel brillante neurologo oggi sarebbe con noi.

Secondo Catherine Meyer, il pensiero psicoanalitico sarebbe una sorta di camaleonte capace di adattarsi e spiegare innumerevoli situazioni della vita quotidiana. «In questo modo però si è diffusa nella società una sorta di pensiero vagamente psicoanalitico che pretende di spiegare tutto, colpevolizzando soprattutto le madri. Oggi i genitori hanno continuamente paura di commettere degli errori. La psicoanalisi ha contribuito a spazzare via ogni spontaneità nell'educazione.» È proprio così?

Le neuroscienze stanno smantellando a poco a poco molte delle istanze colpevolizzatrici care alla tradizione psicoanalitica più ortodossa. Lo strapotere di questa dottrina nel passato ha creato e influito molto anche sul nostro modo di parlare e di agire. Ecco che termini come «lapsus», «rimozione», «elaborazione» e «senso di colpa» sono entrati prepotentemente nel lessico contemporaneo influenzandolo non poco. La stessa affermazione «psicologico» ha determinato una sorta di inflazione espressiva, cercando di colmare un vuoto nei momenti più delicati della comunicazione e del confronto.

Ciò ha certamente indebolito e confuso l'azione della

principale agenzia di formazione e di socializzazione della persona: la famiglia. I genitori sono stati spesso colpevolizzati e delegittimati, se non addirittura sacrificati alla luce di vetuste teorie psicologiche.

Ho trovato su Internet il sito di un medico che consiglia, per combattere gli attacchi di panico, la psicologia emotocognitiva. Ecco come la spiega: «La psicologia emotocognitiva si distingue sia dai vecchi metodi psicologici in quanto non focalizza l'attenzione sul passato o su ipotetiche cause inconsce, sia dagli interventi psichiatrici di tipo farmacologico, in quanto non utilizza farmaci e ne sconsiglia l'uso nella maggior parte dei casi, soprattutto per i disturbi da attacchi di panico e i sintomi associati (come le forme depressive che definiamo reattive-secondarie). Si differenzia anche dai metodi di terapia strategica, in quanto non utilizza inganni terapeutici o forme di ipnosi, e si differenzia dai metodi cognitivi o comportamentali poiché non utilizza tecniche di apprendimento di schemi mentali "positivi". La psicologia emotocognitiva si pone come ponte tra i classici metodi psicologici e la fisiologia. È un approccio psicofisiologico che mira a riorganizzare l'organismo in modo funzionale interrompendo il circolo vizioso in cui si trova chi soffre dei sintomi del panico». Vorrei un suo commento.

Ormai non mi sorprende più nulla. D'altra parte, quando prevale la confusione, ognuno si costruisce la propria università prescindendo dal rigore scientifico necessario per applicare in modo serio le terapie più opportune per curare gli attacchi di panico che, ribadiamolo ancora una volta, sono: terapia farmacologica e psicoterapia cognitivo-comportamentale.

Molti sono spaventati anche solo dal nome: psicofarmaci.

Ecco, è proprio la conseguenza di quella comunicazione nefasta attuata dai mass media che ha fatto sì che questi farmaci assumessero, solo a sentirne parlare, una connotazione cacofonica, portatrice di significati cupi e negativi, tanto da far vergognare chi ne fa uso. L'espressione «intontito dai farmaci» è un cavallo di battaglia di chi vuole denigrare terapie efficaci facendo proselitismo a proprio vantaggio.

Le faccio una domanda provocatoria. Conosciamo tutti il caso di Cogne. Sappiamo che la signora Franzoni la notte che precedette l'omicidio aveva chiamato la guardia medica per un attacco d'ansia. Se la sua ansia fosse stata curata adeguatamente, oggi forse assisteremmo a un epilogo diverso di quel drammatico caso?

Parlando sempre per ipotesi, perché non conosco a fondo il caso citato, posso dire che anche nei piccoli centri sta venendo meno quel controllo sociale che porta a segnalare o mettere in luce comportamenti insoliti o inspiegabili. Ma la cosa preoccupante è che si parla sempre più spesso di tragedie della normalità che, col senno di poi, appaiono attese, sospese nell'aria.

Allora ci rendiamo conto che molte forme di disagio mentale non vengono curate o seguite con terapie adeguate. In altri termini, è proprio la nostra superficialità che rende possibile l'esplosione improvvisa di quelle sacche di sofferenza umana che possono dar luogo in qualunque momento a degli scenari sconcertanti.

Torniamo infine alla psicoanalisi. Nell'approccio terapeutico degli attacchi di panico la estromette completamente?

Sì. Tuttavia sono portato ad affiancare alla terapia farmacologica una psicoterapia breve, definita nel tempo. Entrambe, se somministrate in modo tempestivo e corretto, potranno influire positivamente sull'evoluzione della malattia. A tale proposito vorrei sottolineare la mia preferenza per la psicoterapia cognitivo-comportamentale che in modo concreto stabilisce, sin dall'inizio, una sorta di «alleanza terapeutica» con il paziente, necessaria per aiutarlo a desensibilizzarsi verso le situazioni maggiormente temute e a riprendere una vita normale.

Quanto dura mediamente questo tipo di psicoterapia?

Ha un tempo che varia molto a seconda dell'abilità dello psicoterapeuta e della collaborazione del paziente. In generale possiamo dire che, se associata alla terapia farmacologica, i risultati sono subito molto incoraggianti e nel volgere di un anno il paziente è già in grado di autogestire le principali emergenze senza ricorrere al Pronto soccorso. Ma soprattutto recupera a poco a poco un'esistenza soddisfacente.

Questo tipo di psicoterapia dà molta importanza al vissuto infantile, come la psicoanalisi?

Direi proprio di no, perché adotta un approccio molto più semplice e pragmatico. Evita di entrare inutilmente in quei contorti e tortuosi meandri della mente da cui poi è difficile uscire. Cerca invece di confrontarsi con i problemi che scaturiscono da tutti quegli impedimenti che emergono dagli attacchi di panico. Aiuta il paziente a esporsi gradualmente alle situazioni di difficoltà e di rifiuto tenace che lo conducono con il tempo a una perdita progressiva della sua autonomia.

La psicoterapia breve, unita a quella farmacologica, ha successo anche nei problemi di depressione?

In tutte le situazioni in cui il nucleo fondamentale è l'inibizione, la non azione, questa forma di psicoterapia rappresenta un'utile e concreta spinta per ritrovare armonia ed equilibrio psicofisico.

Questa sinergia tra i due metodi esiste già?

Esiste sulla carta, ma poi, chi più chi meno, è portato a far prevalere il proprio metodo a discapito dell'altro, perdendo così un importante contributo nell'interesse del paziente. Non dimentichiamo che sia l'attacco di panico sia la depressione sono malattie capricciose e imprevedibili, che si ripresentano nei momenti più difficili della vita. Quindi disporre di un metodo integrato e di provata efficacia vuol dire disporre di una soluzione terapeutica che rende molto più brevi i tempi di sofferenza.

Forse i due terapeuti, il farmacologo e lo psicoterapeuta, dovrebbero lavorare gomito a gomito.

Sì, sarebbe molto utile che svolgessero la loro professione contestualmente, nello stesso luogo. Cercando il più possibile di scambiare informazioni sui propri pazienti per affinare tempi e modi dell'intervento e della terapia combinata.

A tale proposito, sono convinto che, alla luce dei risultati ottenuti, in un prossimo futuro la neurologia e la psichiatria lavoreranno sempre più gomito a gomito, per svelare i tanti misteri del nostro cervello.

Quale reazione si aspetta da parte degli psicoanalisti a questo libro?

Sono un uomo tendenzialmente portato a unire più che a dividere. Considero questo mio impegno un'«operazione pro veritate»; comunque dall'area più radicale mi aspetto di essere del tutto ignorato. Invece da quella liberal, più progressista della psicoanalisi, mi auguro possa nascere un interessante e vivace confronto. Aiuterebbe a trovare un percorso comune che potrebbe condurre a una svolta scientifica, nonché a costruire progetti di ricerca unificati.

IX
Le colpe dei mass media

Si parla tanto di «ansia sociale», è un termine scientificamente corretto o è un modo di dire retorico?

L'ansia sociale è uno stato d'animo che esprime una sorta di malessere diffuso del nostro tempo, di chi morde costantemente la vita, di chi va sempre a mille, condannato a rincorrere in affanno modelli stabiliti ed effimeri. Potremmo provocatoriamente definire quello che viviamo il secolo dei reality show.

Perché questi programmi piacciono tanto?

Prendiamone uno come esempio: «L'isola dei famosi». L'isola rappresenta un po' la metafora della nostra esistenza: è la fuga dalle responsabilità, dalle preoccupazioni, è il desiderio di evasione e di vivere un'avventura buttandosi alle spalle i mille problemi che ci affliggono e ci tormentano.

Ma sull'isola mi pare che i protagonisti abbiano molti problemi da affrontare: fame, insetti, freddo...

Sì, ma nonostante tutto, gli esperti della comunicazione li rappresentano come dei miti immersi in un'atmosfera suggestiva, da favola. E allora ciò che appare ci sembra migliore del presente, anche perché sostenuto e certificato da simboli e immagini a effetto. Si sta poi diffondendo tra i giovani la «sindrome dell'isola dei non famosi».

Che cos'è?

È una forma di profondo disagio, di solitudine, di rabbia, che interessa gli adolescenti, i giovani costretti a inseguire i modelli banali e allo stesso tempo irraggiungibili dei reality show. E vivono questa condizione con frustrazione per le occasioni mancate. Provano un senso di profonda inadeguatezza per l'incapacità di ottenere quei requisiti di visibilità, simpatia e popolarità dei personaggi televisivi. Sono delusi perché estromessi da ciò che loro considerano la «vita vera», quella vissuta da chi è diventato famoso. I sintomi sono tutt'altro che trascurabili: insicurezza, ridotta autostima, cambiamenti d'umore e dei comportamenti alimentari, fino all'anoressia, bulimia, depressione, ansia, aggressività, con abuso di droghe e alcol.

Che cosa vuol fare, censurare la tv?

Il problema è serio, e alla base c'è un uso improprio e distorto dei mass media. È soprattutto la tv, con la sua mediocrità e lo strapotere dei palinsesti, a proporsi e ad affermarsi come «cattiva maestra», incubatrice di modelli estetici e tendenze che influenzano negativamente l'equilibrio psichico e il comportamento delle nuove generazioni. Molti programmi sembrano spot prolungati, ispirati a modelli di vuoto individualismo, sorgenti di spunti che veicolano violenza, aggressività e un egoismo diffuso. Per non parlare poi della paura.

Cioè?

Penso che i mass media siano consapevolmente diventati la cassa di risonanza e il megafono della paura. Mi spingo oltre, affermo che la cercano, la promuovono e la sostengono come cultura, arrivando a investire su di essa. Questo a discapito della nostra tranquillità, perché poi ci sentiamo tutti più immersi nella paura.

Facciamo un esempio. Il fatto di cronaca nera come dovrebbe essere comunicato?

Laddove c'è un omicidio familiare che si svolge nel consueto bagno di sangue, non è necessario né utile alla notizia fornire la sequenza e i particolari raccapriccianti.

Basterebbe dire che la vittima è stata barbaramente uccisa. Invece si indugia in una «pornografia» del terrore e dell'orrore, mancando di rispetto alla sensibilità di chi, come i bambini, non ha ancora gli strumenti per comprendere ed elaborare queste tristi realtà.

Al solito, la buona notizia non fa notizia, quella cattiva sì perché ci spaventa, scatenando la nostra morbosità. Sono convinto che la nostra esistenza non sia poi tanto peggiore rispetto al passato, ma ci viene raccontata e documentata a suon di immagini negative. Non è certo questa la tv che ci fa entrare in contatto con la realtà. Perché ciò che ci viene mostrato e raccontato è solo una piccola e brutta parte del mondo che ci circonda.

Torniamo ai reality show. Mi sembra che lei non li consideri affatto innocui, non ne condivida i contenuti.

Infatti. Se parliamo dell'isola mi sembra che il programma appaia piuttosto come l'«isola dei dimagriti». Basta guardare il prima e il dopo dei suoi protagonisti. Una sequenza noiosa di immagini che esaltano la magrezza e l'astinenza dal cibo dei partecipanti, che alla fine vengono esibiti e premiati per la loro ritrovata forma e popolarità.

È un po' quello che accade nel mondo della moda, o no?

Molto peggio. Perché con questo programma si passa dalla magrezza efebica delle modelle a quella dei belli, magri e impossibili dell'isola che veicolano il desolante messaggio: «Io appaio, quindi esisto. E cerco di apparire nel migliore dei modi: bella, magra e famosa».

Non mi sembra proprio l'elogio della bellezza il suo.

Non è questo il punto. Bisogna fare molta attenzione, sia l'anoressia sia la bulimia possono iniziare a causa della forte spinta negli adolescenti a aderire a un'immagine. Quanto più questa viene ammirata e sostenuta da un certo consenso sociale, tanto più sarà ambita. Un'immagine che viene presa come modello estetico, come stereotipo da raggiungere e da emulare. Ecco, la malattia può cominciare proprio da qui. Anche perché non dimentichiamo che sono appunto i giovani, che hanno uno scarso senso di identità e di autostima, a essere i più influenzati da ciò che vedono.

Anche loro sedotti e abbandonati, attratti da un miraggio che poi svanisce, che non si realizza.

Ma la nostra esistenza non è un reality show, è qualcosa di più. Almeno lo spero. E per molti di loro si configura quella che io chiamo la «nuova solitudine». Una solitudine rabbiosa, dai risvolti preoccupanti e imprevedibili. È quella che colpisce gli anonimi, gli sconosciuti, delusi perché estromessi dal mondo della notorietà e del successo. Tutto ciò si traduce in una sfiducia esistenziale.

Forse i mass media sono solo lo specchio di questa condizione di solitudine diffusa?

No, la tv in particolare con le sue linee editoriali, con i suoi contenuti promuove solo ciò che di negativo accade nel mondo contemporaneo. Propone modelli diseducativi, privi di valori, per cui vengono esaltati il profitto, l'affermazione e l'aggressiva competizione. È una tv sempre più trash, mediocre, prodotta da gente altrettanto mediocre, perché colpevole di contribuire a creare una generazione di potenziali consumatori il cui unico obiettivo è quello di raggiungere il successo nel modo più rapido.

Spinge a consumare in modo dissennato?

Già. Vedo per esempio sempre più persone ossessionate dall'idea di spendere, acquistare. Sono «costrette» a comprare cose che non hanno per loro una reale utilità. È la «sindrome da shopping», ed è uno degli impulsi emergenti. Riguarda soggetti che, in modo compulsivo, sentono il brivido di entrare nei negozi, nei grandi magazzini, e arraffare qualunque cosa. Le donne: scarpe, profumi, vestiti. Gli uomini: orologi, cravatte e oggetti vari. Tutti attratti da una nuova e frenetica moda, provare l'emozione irresistibile che si ha nel passare alla cassa. Si diventa schiavi a un punto tale che si arriva a condurre una vita sconsiderata e a fare spese molto al di sopra delle proprie possibilità economiche. Ne consegue a volte l'indebitamento e quindi l'ingresso nel pericoloso tunnel della dipendenza.

Altri impulsi emergenti?
Per esempio, quelli dei piromani metropolitani. Persone che sentono il bisogno irresistibile di appiccare il fuoco.

Perché?
Perché la certezza che quell'azione sarà raccontata dai mass media li eccita, li esalta. Facendoli uscire rapidamente dall'anonimato, dall'essere nessuno, per acquistare lo status di persona famosa, presente su tutti i giornali.

Impulsi giustificati, o meglio causati, dalla società dell'immagine.
Dalla società dell'immagine, dell'apparire.

Lo stesso vale per i sassi lanciati dai cavalcavia.
E per i siringatori dell'acqua minerale.

I siringatori dell'acqua minerale, chi mette macigni sulle rotaie del treno per farlo deragliare. Tutto questo per essere qualcuno?
Per apparire. Come per gridare al mondo in modo rabbioso: «Guardatemi, io appaio, quindi esisto. E pur di apparire sono disposto a fare delle cose incredibili, sconcertanti, che possono produrre effetti drammatici». Ecco gli effetti collaterali dei reality show.

Per eccesso poi arriviamo anche al serial killer che vuole essere riconosciuto come protagonista del male.
Sono convinto che nel nostro paese esistano sacche di disagio mentale non diagnosticate, spesso sottovalutate. Possono esplodere in qualsiasi momento e le cronache ce lo ricordano costantemente. Questi episodi di inaudita

violenza vengono giornalisticamente presentati come tragedie della normalità.

Ritengo, a tale proposito, che la nostra superficialità e anche una buona dose di ipocrisia contribuiscano a trasformare il portatore di un grave disagio mentale, non adeguatamente curato, in un mostro, in un criminale spietato. Un protagonista, suo malgrado, che diventa il prototipo del killer perfetto, che occupa costantemente le cronache, rispondendo in pieno a quei requisiti di cui il mondo della comunicazione ha sempre più bisogno. Si passa allora da un'emergenza all'altra, da una carneficina all'altra, con una parola d'ordine: stupire, catturare l'attenzione degli altri.

Così i giovani si nutrono sempre più di violenza e crescono con la rabbia in corpo, e con il mito del ribelle e del dannato mai andato in soffitta.

I giovani spesso amano i modelli negativi. Ma cercano di imitare anche quelli «positivi» proposti dai media. Modelli di bellezza assoluta. Ed ecco poi, come lei ricordava, scatenarsi l'anoressia, la bulimia, i problemi alimentari.

Mi sforzo di far capire che nell'anoressia e nella bulimia la dieta è soltanto la tecnica utilizzata dai ragazzi per poter manipolare e trasformare il proprio corpo come meglio desiderano. Ma a questo punto la malattia è già iniziata, è già evoluta.

Oggi, più che mai, assistiamo a una costruzione sociale del corpo, che viene plasmato, programmato ad hoc, per raggiungere obiettivi e finalità diverse. Si va affermando un'ideologia spiccia, che mira a ribadire il primato, l'egemonia della magrezza come valore assoluto.

Perciò, in linea di massima, non condivido né l'urgenza, né la rapidità dell'intervento dei nutrizionisti. Come se tutto fosse risolvibile applicando tabelle, calcolando le calorie o la quantità del cibo da ingerire. Le cause, ovviamente, vanno cercate altrove e sono dovute all'interazione di fattori genetici, ambientali e culturali.

Lei è contro la dieta?

No. Ma quando si affronta l'anoressia partendo dalla dieta vuol dire che si è capito poco del problema. Infatti, l'anoressia ha come politica proprio quella di resistere tenacemente, di non capitolare agli stimoli della fame.

Penso, invece, che a volte la dieta influenzi molto l'esordio di questa malattia, così come il forte impatto emotivo di certe immagini: una modella, una donna magra, ammirata, di successo e desiderata da tutti, oppure Barbie, sì proprio lei, la bambola diventata ormai un'icona.

E cosa si può fare in questi casi?

Barbie rimane tuttora la bambola più famosa del mondo, espressione e simbolo di quella società dell'immagine americana che esaltava tutti gli aspetti più desiderabili dell'epoca: dalla magrezza alla bellezza, all'essere famosa ed efficiente. Chissà se colei che la inventò, Ruth Handler, avrebbe mai potuto intuire gli effetti prorompenti che la sua creatura avrebbe prodotto su milioni di ragazzine, ossessionate dal desiderio di imitarla.

Oggi la donna è la vittima prescelta di molti disturbi psicologici, perché costretta a essere contemporaneamente presente su più fronti. Deve essere magra, bella, visibile, affermata, moglie, madre. Una serie di ruoli che fanno esplodere una grande conflittualità, e quindi ecco che la magrezza diventa una sorta di metafora, un conflitto tra natura e cultura.

Se ho ben capito, il conflitto viene scatenato dalla società che vuole le donne magre e dalla cultura che sollecita a familiarizzare con nuovi gusti, con nuove pietanze.

I messaggi che arrivano sono, come al solito, ambigui e contraddittori. Se l'offerta spinge all'ipernutrizionismo, ecco che allora il vomito programmato dopo l'abbuffata diventa l'anticamera della malattia, perché dà una sensazione di onnipotenza, di controllo totale.

La predisposizione genetica ha un'influenza importante?

La predisposizione genetica non candida necessariamente la donna a soffrire con più frequenza di questi disturbi. È necessario, infatti, che quella predisposizione incontri un determinato ambiente, una sorta di contenitore in cui si trovano la cultura, l'educazione, i rapporti interpersonali. Ma anche le esperienze e la vita di relazione. L'interazione fra questi due elementi, la predisposizione genetica e il fattore ambientale, può essere il detonatore che provoca l'esplosione della malattia.

Ma per concludere il discorso sui mass media, al di là delle critiche, lei che cosa propone?

Ritengo che sia necessaria e urgente una svolta culturale. Dobbiamo una volta per tutte stabilire se per esempio la Rai, come principale editore di questo paese, debba contribuire, oltre che a informare, a formare le nuove generazioni. In caso affermativo bisogna ripristinare subito contenuti e valori nelle principali trasmissioni televisive. E poi, creare delle task force operative, composte da veri esperti della comunicazione, affiancati da esperti di disagio mentale, che possano preventivamente valutare l'impatto emotivo che certi programmi e certi messaggi possono avere sul pubblico, e in particolare sui giovani.

Mi faccia un esempio.

Contrapporre all'overdose di immagini violente, sia nei tg sia nelle fiction, programmi in prima serata che enfatizzino storie ordinarie, con personaggi che interpretano i sentimenti dell'amicizia, della solidarietà e della bontà. E poi sostenere che lo stereotipo di chi lavora, fa il suo dovere onestamente ed è un buon cittadino è attraente e ha fascino, mentre il modello del trasgressivo, del bello e dannato deve scomparire, perché mira solo al successo, al potere e alla vita facile. La società deve iniziare a censurare, a prendere le distanze da questi modelli, che non sono più tollerabili.

Mi viene in mente una figura oggi sempre più diffusa, di cui si parla poco e che io chiamo l'«eremita metropolitano». Una persona perfettamente inserita e affermata nel proprio ambito professionale, che poi viene frettolosamente etichettata come clochard, disadattato sociale. Si tratta di soggetti travolti da improvvise, quanto drammatiche, crisi esistenziali, che scelgono una vita da barbone, ai margini della società, per sottrarsi all'asfissiante competizione che avvelena la nostra esistenza. La loro è una protesta silenziosa, ma di alto valore simbolico. Ciò dovrebbe indurci a una profonda riflessione sul nostro modo di vivere e aiutarci a recuperare qualcosa di importante che stiamo perdendo per strada.

X

Spaventati dagli altri

Parliamo della fobia sociale.

La fobia sociale è un disturbo, una malattia vera e propria, molto diffusa, spesso dimenticata, sottovalutata perché negata, mascherata. In realtà è la più diffusa tra i disturbi d'ansia e tutto sommato anche tra i più invalidanti. Il mondo scientifico dovrebbe fare di più perché ne emerga l'importanza. Colpisce almeno il 5 per cento della popolazione, con una lieve prevalenza nelle donne, persone che soffrono in silenzio e si guardano bene dal confessare il proprio disagio o dal chiedere aiuto.

È una malattia legata alla mancanza di fiducia in se stessi, alla mancanza di autostima?

Già, l'autostima. In un paese che non riconosce il merito, il talento e la creatività, ma tutela la rendita, la posizione, i privilegi e la mediocrità, è difficile battersi per consolidare la propria autostima. Si è combattuti tra l'aderire all'omologazione e al conformismo, o andare coraggiosamente controcorrente e ribellarsi. Non a caso, oggi parliamo del «senso di autostima» per sottolineare la percezione, la considerazione che ognuno ha di sé. È una sorta di sismografo che ci comunica costantemente, e a prescindere dal giudizio degli altri, il grado di approvazione, di sintonia verso il nostro stesso operato e le nostre azioni. È qualcosa a cui non ci si può sottrarre, perché ci aiuta a definire le traiettorie più opportune per affrontare le difficoltà della vita.

Quindi si parte da una mancanza di autostima e si può arrivare a una vera e propria fobia.

Sì, ci sono persone terrorizzate dagli incontri, dalle relazioni sociali, dal semplice parlare con gli altri. Diventa un problema anche ordinare un caffè, o chiedere il conto, o acquistare un biglietto ferroviario.

Poi, invece, queste stesse persone diventano insospettabilmente abili a chattare su Internet perché si sentono protette da uno schermo totale. Ecco allora che parlano per ore, costruiscono relazioni virtuali, basate sul bisogno di comunicare senza aver paura di incrociare lo sguardo. Per loro, infatti, la paura di sbagliare è perennemente in agguato.

Queste persone temono il giudizio del prossimo come una catastrofe?

Per loro il bicchiere è sempre mezzo vuoto. Sono spietate con se stesse e nel rapporto con gli altri si sentono inferiori a chiunque. La loro vita è un esame continuo, sempre severe nel darsi un giudizio. Non raggiungono mai uno stato di definitiva tranquillità, permanentemente in balìa dei «pericoli» e delle incertezze.

Ma è come vivere un incubo. Quello di essere messe al centro dell'attenzione.

Certo. Queste persone si sentono sempre osservate e hanno paura di apparire goffe, banali, inadeguate e impacciate. Temono i complimenti perché ciò potrebbe metterle in evidenza, sotto lo sguardo degli altri, con il rischio che la situazione sfugga loro di mano. Si sentono a disagio quando sono costrette a stare con gli altri. Il contatto con parenti, amici, colleghi viene vissuto in modo opprimente, se non addirittura umiliante.

E allora può insorgere all'improvviso un tremore, una sudorazione diffusa, una difficoltà nel parlare, le palpitazioni, sino a dei veri attacchi di panico.

La fobia sociale si presenta già nell'infanzia o può manifestarsi tutt'a un tratto in età adulta?

I bambini all'inizio non sono molto consapevoli dei loro impedimenti e dei loro timori. Non si rendono conto fino in fondo del disagio che provano in determinate circostanze.

In seguito, in classe, nelle feste di compleanno, a casa di amici e in tutte le occasione di incontro con i compagni, cominciano a provare sensazioni di imbarazzo e di ansia crescente. E allora mangiare, ascoltare la musica, giocare o ballare con i loro coetanei diventano tutte circostanze che possono già evidenziare una certa difficoltà a relazionarsi con gli altri. Nei casi più gravi viene seriamente compromessa la possibilità di vivere e condividere serenamente momenti piacevoli con i propri compagni. Poi, con il tempo, il disturbo peggiora fino a diventare nel corso degli anni una malattia invalidante che interferisce pesantemente nei rapporti interpersonali, nella vita di relazione e nel rendimento lavorativo.

È durante l'adolescenza che l'insicurezza diventa più intensa?

A tale proposito mi viene in mente una mia paziente che, sin dall'età di 12-13 anni, era diventata un'accanita collezionista di occhiali da sole per nascondere gli occhi in ogni momento della giornata. Era angosciata e impaurita dallo sguardo degli altri, perché una volta era arrossita e per questo era stata derisa davanti a tutti.

All'inizio ci si sente incapaci, imbranati. Poi l'ansia cresce perché risulta più difficile sottrarsi a certe situazioni temute. Allora si decide di combattere e proteggere la propria fragilità esibendo una maggiore aggressività, oppure facendo uso di sostanze come alcol o droghe.

Non dimentichiamo che la fobia sociale non curata può essere un fattore di rischio in più per l'assunzione di – e in seguito la dipendenza da – sostanze psicoattive, nel tentativo di mascherare i disagi di una vulnerabilità sempre in agguato.

Ma esiste anche una timidezza specifica?

Sì, è quella forma di timidezza che rimane limitata, confinata solo a una particolare circostanza. Chi ne soffre teme soltanto di parlare in pubblico, o di tenere una riunione di lavoro nel timore che qualcuno fissi lo sguardo su di lui e possa accorgersi del suo forte imbarazzo. Oppure si è angosciati dall'idea di dover rispondere a delle domande e rimanere senza parole. Altri rifiutano il dibattito in pubblico perché temono di non essere compresi e di venire traditi dalle loro emozioni. Ma ciò che paventano al di sopra di tutto è che il loro imbarazzo, la loro vergogna, possa precipitare con il rischio di essere etichettati come persone strane, ridicole o «malate di mente».

Un sintomo della fobia sociale è l'«eritrofobia», la paura di arrossire. Anche Charles Darwin la studiò, trattando l'argomento nel 1872 con queste affermazioni: «La maggior parte delle persone che arrossiscono intensamente perde il pieno controllo delle proprie facoltà mentali … perdono la loro presenza di spirito e fanno osservazioni ridicolamente inopportune; spesso sono tremendamente angosciate, balbettano, fanno movimenti maldestri e smorfie strane … Sono stato informato da una giovane signora che aveva una esagerata tendenza ad arrossire che, in simili circostanze, essa non sa neppure quello che sta dicendo». In che modo è stato curato questo problema da allora?

Ormai è riconosciuto che la fobia sociale è una malattia tra le più invalidanti nel campo dei disturbi d'ansia. Inoltre è stata accertata la sua familiarità, cioè una sua maggiore diffusione tra i parenti di primo grado. Quindi la predisposizione genetica è fuori discussione.

Riguardo ai sintomi, la comparsa del rossore improvviso che accende le guance è il disturbo più temuto dalle persone che ne soffrono. Il loro volto di colpo si illumina, rischiando di rendere più evidente la paura e il disagio fino allora tenuti nascosti. Si sentono nudi, scoperti sotto gli occhi di tutti. Parlano a stento, sono bloccati e sperano che qualcosa li tolga da quell'imbarazzo terribile. Desiderano solo fuggire, sparire, perché in preda a un senso di vergogna insopportabile.

E allora, consapevoli del loro profondo disagio, accettano di vivere appartati, e condannati a soffrire in silenzio.

In una società che premia soprattutto chi sgomita, l'efficienza, la competizione, sembra proprio che non ci sia spazio per queste persone, preoccupate di mantenere l'anonimato e di tenere la vita perennemente sotto controllo. Il loro desiderio è di condurre una esistenza senza particolari ambizioni e clamori. Ma poi all'improvviso qualcosa di insolito accade nella loro vita. Una promozione, un riconoscimento inaspettato, che sconvolge drasticamente i piani previsti. Crea gli effetti di un terremoto nel loro fragile equilibrio. E allora riemerge il senso di precarietà, che riacutizza tutti i fastidi fino ad allora a mala pena sopiti.

Cosa propone per quanto riguarda la terapia della fobia sociale?

Con l'aiuto della risonanza magnetica funzionale è stato possibile dimostrare un'alterazione nel circuito della paura di questi pazienti, e in particolare uno stato di allerta costante nelle amigdale e nell'ipotalamo, i centri nervosi del cervello che hanno la funzione di segnalare la sensazione di pericolo, di panico e di conservare la memoria di queste emozioni.

L'amigdala, ancora lei?

Sì, perché anche in chi soffre di timidezza patologica l'amigdala ha un ruolo strategico. Molte persone manifestano proprio nell'attacco di panico il sintomo principale, quello più temuto, e allora il loro sistema di allarme si tiene sempre pronto ad affrontare una potenziale emergenza.

Qual è la cura?

Non è facile far uscire allo scoperto queste persone, convincerle a confidare i loro disagi, la loro vergogna, ma soprattutto persuaderle che la cura c'è e consiste, proprio come per gli attacchi di panico, nel promuovere contestualmente sia la terapia farmacologica sia la psicoterapia cognitivo-comportamentale. Entrambe aiuteranno il paziente a esporsi gradualmente alle situazioni temute (parlare in pubblico, sostenere un esame, mangiare in compagnia, partecipare alla vita sociale, ecc.) fino a quando la ritrovata fiducia non lo avrà definitivamente riabilitato a una vita normale.

Alla fobia sociale è legata l'«ansia da esibizione». Le è capitato di curare qualcuno che ne soffra? Attori, cantanti... Come si risolve?

Sembrerà strano, ma è proprio nel mondo degli artisti, del teatro, che si nascondono dei timidi insospettabili. Pensiamo a Woody Allen: proprio la sua timidezza è stata più volte sottolineata, rappresentata nei film, diventando poi una peculiarità, uno dei tratti principali di questo attore.

D'altra parte il debutto, il confronto continuo con un pubblico giudicante, è un'esperienza traumatica per molti. Il palcoscenico diventa un banco di prova, una sfida da vincere a tutti i costi. In caso di insuccesso si verifica il tracollo artistico, umano, esistenziale. Si spalanca la porta del panico, della depressione, e risalire la china può risultare molto difficile. A meno che...

A meno che... non vorrà curare anche loro?

Certo che sì.

Altrimenti?

Sono convinto che la diffusione di droghe, alcol e altre sostanze, soprattutto in alcuni ambienti dello spettacolo, sia legato alla paura del flop, del fiasco. All'idea di non potersi permettere di non dare sempre il meglio di sé.

All'inizio si diventa tossicodipendenti per caso e poi per necessità. Si ricorre a delle protesi chimiche per la paura di non apparire, in certi contesti, abbastanza brillanti e disinvolti. Si dà un'immagine di sé da cui poi è difficile uscire, un'immagine deformata, non corrispondente alla realtà. È un'immagine di falsa efficienza e bravura a cui poi può risultare molto complicato rinunciare. Bisogna far leva su orgoglio e dignità, in barba ai modelli e agli stereotipi vari.

Paura di affrontare il pubblico o di un esame, queste persone provano gli stessi sintomi, anche se in forma ridotta, di un attacco di panico: tachicardia, palpitazioni, aumento della pressione arteriosa, sudorazione, paura di svenire, sensazione di stordimento, debolezza alle gambe, nausea. Che cosa succede al cervello?

Succede che improvvisamente la «musica cambia». Compare lo stress, quello vero. In quel momento si è in totale balìa dei «tre moschettieri». Quelli che conducono la danza della reazione da stress: adrenalina, noradrenalina e cortisolo, che ci affiancano per affrontare le difficoltà e per trovare la soluzione migliore.

Tutti i sintomi indicati nella domanda preannunciano che è iniziato un confronto tra uno stimolo e il nostro organismo, nella sua globalità. Lo stress è la risposta prodotta dal nostro organismo nel momento in cui deve fronteggiare uno stimolo che avverte come minaccioso.

Un conferenziere, per esempio, nel momento in cui sta per rivolgersi al pubblico avvertirà un'accelerazione improvvisa del battito cardiaco che gli segnala che il suo cervello sta prendendo le giuste misure per affrontare una situazione da non sottovalutare. Questa reazione ha l'obiettivo di metterlo in condizione di effettuare al meglio la sua prestazione.

Chi soffre di fobia sociale spesso fa ricorso all'alcol per vincerla. Cosa provoca l'alcol nel nostro cervello? Perché si ha l'idea che possa inibire l'ansia?

Perché è una sorta di disperato rimedio che aiuta in certi contesti a superare l'impaccio e l'imbarazzo. Rende tutti più sintonici e allegri, e illude che così si possa sfidare e affrontare chiunque. Copre le debolezze e le fragilità nei casi in cui non è consigliabile perdere il controllo.

Ecco che un disagio ne provoca un altro, e sullo sfondo appare il rischio reale della depressione, dell'ansia e della tossicodipendenza, che nel tempo conducono a uno sfaldamento della personalità e a un deterioramento neurologico inesorabile e progressivo. Infine, può verificarsi la comparsa di comportamenti impulsivi improvvisi con tendenza all'aggressività, che complica ulteriormente il quadro clinico.

Oggi è sempre più diffusa la necessità per professionisti di vario genere di parlare in pubblico e pare che la paura di farlo sia tra le più frequenti nel mondo occidentale.

In una ipotetica classifica delle attitudini e abilità sociali, certamente quella di riuscire a parlare in pubblico occupa il primo posto, anche perché viene esibita una capacità di controllo unanimemente ammirata. Lo sanno bene gli opinionisti, i politici, i conduttori televisivi e i giornalisti, costretti al confronto e al dibattito pubblico diventato ormai il brodo di cultura della popolarità. Molti di loro soccombono, evitano i confronti con questo o quel personaggio. Non riescono a dare il meglio di sé perché frenati e ostacolati dalla timidezza e dal loro imbarazzo.

Alcuni utilizzano i betabloccanti, farmaci impiegati nella terapia delle malattie cardiovascolari. In che modo agiscono sulla fobia sociale? So che molti artisti nel mondo dello spettacolo ne fanno uso.

Sì, vengono utilizzati come sintomatici al posto dei tranquillanti, per la loro capacità di neutralizzare gli effetti prodotti da quelle sostanze che vengono liberate durante lo stress. È, infatti, noto che la fobia sociale si presenta con tachicardie improvvise, accompagnate a tremori, sudorazione fino a dei veri e propri attacchi di panico. L'uso di questi farmaci agirebbe come una sorta di ansiolitico alternativo nelle persone che non tollerano le benzodiazepine. I betabloccanti hanno un'azione sintomatica, limitata nel tempo, assolutamente non curativa.

La fobia sociale può essere provocata anche da un disturbo che lei ha già citato, la «dismorfofobia», di cui parlò oltre un secolo fa un medico italiano, Enrico Morselli. Oggi la preoccupazione per il proprio aspetto fisico sta raggiungendo il livello di una patologia di massa. Si tratta ancora una volta della mancanza di autostima?

Se si afferma un certo modello di uomo o donna e io non riesco a emularlo, raggiungerlo, allora la mia identità e la mia personalità ne risulteranno mortificate e deluse. Il rischio è quello di non essere accettati dal gruppo, di sentirsi un pesce fuor d'acqua, di rimanere isolati.

Pensiamo anche al linguaggio, che nasconde il bisogno di sentirsi omologati non solo nell'aspetto ma anche nel modo di parlare, in certe espressioni. Non a caso, soprattutto nei giovani, assistiamo a una sorta di rozza semplificazione della modalità di comunicare. La stessa diffusione della parolaccia nelle nuove generazioni assume una finalità sociologica immediata, aggregativa. Mira a superare rapidamente differenze e distanze presenti nel gruppo.

È come dire «sono uno di voi, perché parlo come voi». Ecco allora che, in questo bisogno omologativo, la parolaccia diventa una rapida modalità di accesso al branco, che prescinde dal senso di solidarietà e amicizia tra coetanei.

XI
Gli ossessivi

Persone «perseguitate» da pensieri e azioni dai contenuti angoscianti e invadenti. Idee fisse, gesti bizzarri e una lotta tenace per mantenere il controllo in una vita da incubo. Potrebbe sembrare l'immagine teatrale della follia, invece è una triste realtà.

È il Doc, il «disturbo ossessivo compulsivo», una malattia che fa parte della famiglia dei disturbi d'ansia. Si caratterizza per la presenza di ossessioni e compulsioni persistenti nel tempo. Assume spesso un andamento cronico con risvolti che possono, nei casi più gravi, influire pesantemente sulla qualità di vita, nei rapporti interpersonali e nel rendimento lavorativo.

Mentre le ossessioni sono composte da idee, pensieri e immagini, le compulsioni riguardano azioni, gesti e comportamenti ripetitivi. Le une sono spesso collegate alle altre e chi ne soffre ha il cervello inondato da pensieri che irrompono con forza nella sfera mentale, turbando non poco l'equilibrio. Sono pensieri impellenti, insistenti, difficili da contrastare, da arrestare, anche se, inizialmente, per neutralizzarli si cercherà di ignorarli o di sostituirli. Si prova a resistere cercando di spostare altrove la propria attenzione.

Sia le ossessioni sia le compulsioni possono danneggiare in modo significativo il normale ordine che scandisce il ritmo e l'organizzazione della giornata.

Chi viene colpito da questo disturbo?

Oltre il 2 per cento della popolazione, e interessa in egual misura uomini e donne.

Come si manifesta?

L'esordio è graduale, insidioso, raramente brusco, improvviso. Gli eventi stressanti spesso influiscono in modo significativo sull'andamento e sul livello di gravità di questa malattia. Nella donna la gravidanza può a volte sancirne l'inizio, come pure la ricomparsa di sintomi precedentemente più lievi. Ciò potrebbe essere messo in relazione con gli squilibri ormonali, neuroendocrini e psicologici che subentrano nello sviluppo di questo disturbo. Il Doc si manifesta soprattutto durante l'adolescenza, ma anche in età più precoce, per poi assumere un decorso cronico in età adulta con oscillazioni dei sintomi nel corso della vita.

A quale altri disturbi si accompagna?

Non è infrequente trovarlo associato ad altre malattie psichiatriche e neurologiche. Tra le prime, soprattutto la depressione, l'ansia sociale e gli attacchi di panico.

Per quanto riguarda le malattie neurologiche, può essere anche associato alla malattia dei tic multipli (sindrome di Gilles de la Tourette), come pure al morbo di Parkinson e alla corea di Huntington.

Quali conseguenze provoca nella vita di chi ne soffre?

Quelle di una battaglia senza fine. Le persone passano buona parte del tempo a rimuginare su regole, abitudini o dettagli. Tutto è sottoposto a un'estenuante verifica, a un processo mentale incessante. Ciò genera dubbi e incertezze, ma anche assurde convinzioni che ostacolano e danneggiano la vita con ripercussioni talora pesanti per il contesto sociale e familiare.

Queste persone trascorrono ore e ore a contare, a controllare, a osservare, nel disperato bisogno di trovare conferma a pensieri insistenti. Ogni cosa, ogni oggetto diventa spunto per porsi mille e mille domande. Circostanze, situazioni e ricordi più disparati vengono analizzati innumerevoli volte, sminuzzati nei minimi particolari e poi ricomposti secondo un ordine prestabilito. Alla fine si diventa prigionieri di un itinerario mentale fatto di tappe, di riti a cui difficilmente ci si riesce a sottrarre.

Chi soffre di ossessioni ha una priorità assoluta: ascoltare e soddisfare i contenuti dei propri pensieri cercando di combattere l'obbligo di attuarli. Tutto il resto (famiglia, lavoro e amici) riveste un ruolo secondario, se non marginale. Queste persone sono consapevoli del proprio disagio, ma sono costrette a soccombere per non subirne uno ancora più intenso. Idee e pensieri si rincorrono nella loro mente, e riguardano la pulizia, l'ordine, la giustizia, la moralità.

Tra le ossessioni più frequenti c'è quella che riguarda la pulizia. Come si manifesta?

C'è la necessità continua, urgente di lavarsi le mani decine e decine di volte, fino a prodursi delle irritazioni e, in alcuni casi, a danneggiare seriamente la pelle. Molti sono terrorizzati solo dall'idea di salutare qualcuno stringendogli la mano o di essere toccati, o sfiorati, nei locali pubblici, al lavoro, al cinema, ecc. Altri si guardano bene dall'occupare un posto sui mezzi di trasporto, evitano di prendere il taxi e per recarsi al lavoro si sottopongono a lunghe ed estenuanti camminate per paura di essere contaminati.

La paura che li ossessiona, dunque, è di prendere qualche virus?

Alcuni sono convinti che solo adottando queste «precauzioni» si mettono al riparo da eventuali contagi o malattie. Altri, invece, sono certi che siano soprattutto le mani il principale veicolo di «pericolosi» contatti che possono poi risultare fatali per la loro salute. In ognuno, comunque, prevale la necessità di ribadire, confermare uno stato di purezza e di pulizia assoluto.

Altre ossessioni?

Taluni sono tormentati dai dubbi e controllano decine di volte la porta di casa, le finestre, la luce, il gas. Si alzano, si risiedono, ma poi incerti tornano indietro, in un carosello continuo.

Altri, sin dal mattino, effettuano lunghe e sfiancanti verifiche in casa, per controllare la posizione dei quadri, dei libri. Spostano le sedie, la scrivania, le penne. Ispezionano i cassetti, mettono in fila le giacche, le cravatte, i vestiti, cercando di dare un ordine che va poi mantenuto, rispettato. Non contenti, tornano ancora indietro, per essere sicuri che nulla è stato cambiato. E allora contano tutto e trascrivono i numeri, e poi improvvisamente piombano in casa per verificare se qualcuno a loro insaputa ha manomesso qualcosa.

Per altri ancora, si sprigiona un profondo senso di angoscia solo al pensiero di un oggetto, un coltello, un martello o qualunque cosa che potrebbe essere usata per aggredire qualcuno. Sono ossessionati dalla paura di perdere il controllo, del sopraggiungere di un impulso fulmineo. Temono fortemente di far del male alla madre, al padre, o di avventarsi contro il figlio. E allora decidono, per esempio, di utilizzare solo posate di plastica.

Molti invece temono, nei luoghi affollati, in chiesa o durante una cerimonia, di essere sopraffatti dal desiderio di urlare, di bestemmiare, di offendere con oscenità le persone presenti. Questo comporterà un ostinato rifiuto a esporsi e a frequentare alcuni contesti sociali dove certi pensieri potrebbero realmente prendere il sopravvento e manifestarsi.

Che vita! Perennemente in affanno, a difendersi da un mondo che non sembra fatto per loro.

È così. Molti sono consapevoli che tutto ciò è irragionevole e decidono di ribellarsi tentando di sopprimere le loro ossessioni. Provano a combattere, a resistere, ma poi, sopraffatti, sfiancati dall'ansia e da un profondo disagio, crollano. E, alla fine, rassegnati si arrendono.

Le persone che soffrono di questo disturbo spesso capiscono che simili idee hanno un'origine interna, provengono cioè dai loro pensieri. Inizialmente tentano di respingerle o di spostare l'attenzione su qualcosa, per esempio concentrandosi su pensieri positivi che riguardano la loro vita e i loro affetti, oppure eseguendo gesti, azioni e comportamenti finalizzati ad allontanare l'ansia. Poi, queste idee continue si ripresentano in modo sempre più assillante, fino a essere costantemente presenti, dalla mattina alla sera.

A quel punto è guerra totale. E nasce una sorta di braccio di ferro tra la tentazione di cedere ancora una volta a quelle idee, oppure ignorarle del tutto. Questa lotta genera uno stato di forte apprensione, che può arrivare fino a veri e propri attacchi di panico. La tensione si allenta nel momento in cui la persona aderisce completamente alle pressanti richieste della sua mente.

Come se ne esce?

Anche qui la giusta combinazione tra la terapia farmacologica e la psicoterapia cognitivo-comportamentale può essere l'approccio più indicato per migliorare la qualità della vita di queste persone. La doppia modalità di cura consente innanzitutto di attenuare l'intensità e l'insistenza dei pensieri ossessivi e, di conseguenza, dei comportamenti compulsivi e di tutta la sintomatologia ansiosa a essi associata. Inoltre, nel corso della terapia sarà possibile effettuare una desensibilizzazione progressiva verso gli stimoli che notoriamente determinano la comparsa o il peggioramento del disturbo.

XII

L'altalena dell'umore

Che cos'è il disturbo bipolare?

È una malattia psichiatrica che colpisce il tono dell'umore e costringe il cervello a passare rapidamente e in modo imprevedibile da fasi «on» a quelle «off». E cioè da periodi di esagerata, disinibita euforia, con punte di eccitazione mentale, a periodi di blocco con profonda depressione.

È importante inquadrarla e diagnosticarla precocemente per scongiurare le conseguenze dannose che questa malattia comporta. I danni possono essere di tipo sociale, poiché coinvolgono sia le famiglie sia il resto della comunità, nonché personale, infatti questi individui sono ad alto rischio di suicidio. Sembra che oltre il 15 per cento dei pazienti muoia per condotte autosoppressive.

Veramente? Mi sembra una cifra altissima.

Sì. È il rischio maggiore, da non trascurare perché i propositi suicidi nella fase più acuta della malattia sono davvero molto frequenti. Soprattutto quando il disturbo non viene prontamente riconosciuto o viene sottovalutato.

Come si manifesta?

La caratteristica saliente, tipica della malattia, è la comparsa ciclica di episodi depressivi e di euforia smodata. I pazienti presentano un'evidente instabilità nel comportamento che, come una sorta di altalena, diventa imprevedibile e incontrollabile nel corso del tempo.

Questo tipo di disturbo è ereditario?

Il fattore genetico ha un peso rilevante in questa malattia. Come nella depressione, anche nel disturbo bipolare si ha un'alta diffusione in ambito familiare. Quindi la probabilità di ereditarlo da un genitore che ne soffre è piuttosto alta. Sembra che colpisca oltre il 5 per cento della popolazione.

Chi ne soffre?

Entrambi i sessi, senza sostanziali differenze.

Cosa succede nelle fasi maniacali?

Sono dominate, appunto, dalla mania, dall'iperattività estrema, diffusa. L'umore si impenna, cambia rapidamente. La persona mostra uno stato d'animo di accentuata, smodata euforia, accompagnata alla capacità di sviluppare insospettate energie. Parla e gesticola velocemente, pianifica progetti, diventa aggressiva alla minima contrarietà, passa con estrema facilità da un argomento all'altro e si arrabbia se viene contestata o interrotta. Porta avanti i discorsi per ore e ore, senza lamentare la minima stanchezza o incertezza. Inoltre, ha manie di grandezza, smodata autostima e considerazione di sé, che possono arrivare a dei veri e propri deliri. Organizza viaggi, incontri, e si vanta di avere amicizie con personaggi famosi. È convinta di avere capacità uniche, straordinarie per convincere chiunque e concludere ottimi affari. Tutto diventa facile, senza il minimo dubbio. Nella fase maniacale prevale una frenetica e inesauribile voglia di parlare e di tenere discorsi.

Questi individui sviluppano una eccessiva carica sessuale, guidano in modo spericolato, mangiano e bevono in continuazione. Arrivano a spendere ingenti quantità di denaro lanciandosi in attività lavorative rischiose, talora illegali, che possono anche danneggiare gravemente la propria famiglia. Ma ciò che preoccupa maggiormente sono le condotte antisociali con comportamenti impulsivi, aggressivi, talora violenti, verso familiari e amici. Inoltre, possono restare a lungo senza dormire oppure accontentarsi di poche ore di sonno. Se non viene rapidamente curata, questa fase può proseguire anche per diversi mesi, e talora i danni e le conseguenze sono irreparabili. A volte si rende necessario intervenire con un ricovero per scongiurare conseguenze che possono essere tragiche per sé e per gli altri.

E nelle fasi depressive?

Va detto che nell'ambito del disturbo bipolare la fase depressiva può iniziare spontaneamente oppure far seguito alla fase maniacale. Si tratta di un brusco cambio di rotta in una malattia in cui mania e depressione si inseguono a lungo, intervallate da periodi di tregua, di normalità. Ma è una pausa che dura poco. Il quadro clinico è caratterizzato da una intensa inibizione, da una forte apatia che assume il carattere di una depressione profonda. Ed è proprio l'umore a farne maggiormente le spese, infatti rappresenta il nostro stato d'animo, l'espressione prevalente della nostra affettività. Può essere stabile nel tempo oppure subire repentini cambiamenti come risposta a stimoli e sollecitazioni di varia natura. Le oscillazioni dell'umore comportano tutta una gamma di risposte che vanno dalla gioia alla tristezza, fino a quelle più estreme rappresentate, nella modalità patologica, dalla depressione e dalla mania.

Nella fase depressiva l'umore assume un tratto caratteristico. La persona si presenta platealmente bloccata, inibita e appare evidente un rallentamento psicofisico, con sentimenti di colpa, di autosvalutazione e di disperazione. Tutto è una catastrofe, una pena infinita. Il lavoro, la famiglia, gli amici, gli interessi, tutto viene cancellato e respinto. Si fa un bilancio cupo e drammatico della propria esistenza addossandosi responsabilità pesanti riguardo a fatti e circostanze che denotano una lettura non corrispondente alla realtà. Si afferma e si diffonde un pessimismo che riguarda anche i familiari e le persone care nei confronti delle quali ci si sente colpevoli, non ci si perdona di essere stati incapaci di aiutarle e proteggerle.

Compaiono i disturbi del sonno, con insonnia marcata, oppure con un sonno continuo, prolungato. Sono presenti spesso pensieri di morte e propositi suicidi. Questi individui ritengono di essere indegni di vivere e si addossano tutti i mali del mondo. Infine emerge forte l'istinto e il desiderio di punirsi.

Quanto durano entrambe queste fasi?

In generale possiamo affermare che la loro durata varia molto in rapporto all'utilizzo corretto o meno della terapia somministrata. In linea di massima, la fase depressiva ha una durata molto più lunga di quella maniacale. Fino a 3-4 volte di più.

Come si passa dall'una all'altra?

La durata dei cicli e il passaggio dall'una all'altra sono imprevedibili, come pure gli intervalli di pieno benessere. Comunque, l'inizio può essere brusco, rapido o al contrario graduale, anche perché esistono episodi cosiddetti «misti» e caratterizzati da una contemporanea presenza delle due fasi che determina il veloce passaggio dalla fase maniacale a quella depressiva e viceversa nell'arco di poche ore.

Ho letto che si possono distinguere tre tipi di disturbi bipolari. I primi due sono il «disturbo bipolare I», che colpisce più frequentemente gli uomini ed è caratterizzato da episodi maniacali e depressivi di uguale gravità, e il «disturbo bipolare II», che colpisce di più le donne ed è caratterizzato da episodi depressivi più gravi degli episodi maniacali. Perché queste differenze di sesso?

Come ho detto, non vedo una sostanziale differenza nella distribuzione del disturbo bipolare nell'uomo e nella donna. Tuttavia potrebbe esserci una modalità di risposta diversa dell'uno e dell'altra nei confronti di eventi stressanti e traumatici.

Poi c'è il terzo, il «disturbo ciclotimico», cioè oscillazioni continue dell'umore. Chi ne soffre?

Anche qui regnano gli alti e i bassi, cioè l'instabilità. Ma in una forma più attenuata, più leggera, che non raggiunge mai il livello di invalidità, di intensità e di gravità del disturbo bipolare. Tutto appare meno pronunciato, perché non arriva a compromettere sostanzialmente la vita di relazione e il funzionamento sociale di quella persona, che può tuttavia apparire in alcuni momenti un po' sopra le righe, oppure di umore lievemente depresso.

Il disturbo ciclotimico colpisce in egual misura gli uomini e le donne; di solito fa il suo esordio nell'adolescenza o nell'età adulta. Chi soffre di ciclotimia ha maggiori possibilità di sviluppare in seguito un disturbo bipolare I o II. Anche qui la diffusione in ambito familiare è piuttosto frequente.

Quali sono i fattori che possono scatenare questi episodi?

Abbiamo detto che la componente genetica in questa malattia è preponderante, soprattutto tra i parenti di primo grado. Questo rende alcuni individui particolarmente suscettibili nei confronti di determinati stimoli. Lo stress prolungato, i traumi più vari, ma anche l'assunzione impropria di sostanze (droga, alcol) possono innescare, anticipare, la comparsa di una fase maniacale e poi di quella depressiva.

«Mania» mi sembra una parola piuttosto infelice per descrivere una condizione di disagio.

Sì, è vero. Ed è un'ulteriore sofferenza per questi pazienti, dal momento che vengono ingiustamente additati ed etichettati. Infatti, soprattutto nel passato, tale denominazione ha suscitato non pochi pregiudizi, leggende e interpretazioni che hanno danneggiato la percezione del loro disturbo.

Però alcuni sforzi sono stati fatti in proposito: la vecchia definizione di psicosi maniaco-depressiva è stata aggiornata in quella meno penalizzante di disturbo bipolare. Ma condivido la critica e aggiungo che la scienza a volte mostra tutti i suoi limiti quando deve comunicare all'esterno taluni aspetti di certe malattie.

Questi disturbi possono verificarsi nelle donne nel periodo posteriore al parto?

Sia la gravidanza sia il post-partum vanno considerati dei fattori di rischio reali. Sono soprattutto le donne che hanno una predisposizione familiare nota, oppure che hanno già sofferto nel passato di disturbo bipolare, a dover essere tenute maggiormente sotto controllo. Non è raro, infatti, osservare nel periodo successivo al parto una certa labilità emotiva, con sbalzi di umore che in alcuni casi possono evolvere verso i sintomi più drammatici di un disturbo bipolare vero e proprio. Ciò sarebbe da mettere in relazione con una maggiore sensibilità ai bruschi cambiamenti neuroendocrini, ormonali e psicosociali propri della fase successiva al parto.

Nei casi più lievi la mania si presenta con l'iperattività, un'eccessiva sicurezza di sé, irritabilità, ma anche con sentimenti di intolleranza e menefreghismo. Cosa fare in simili casi?

È un quadro che configura quello che definiamo «episodio ipomaniacale». I sintomi appaiono più sfumati, leggeri. Le persone sembrano provviste di una carica energetica inesauribile. Appaiono spesso sorridenti, propositive e molto abili a entrare in sintonia e a coinvolgere gli altri perché espansive e allegre.

In questi casi può essere importante in questi casi seguire l'evoluzione nel tempo del loro modo di fare, perché talvolta questi aspetti del comportamento preannunciano l'inizio di un vero episodio maniacale. E allora andrà verificato se tutto ciò interferisce con la qualità della vita, soprattutto in ambito familiare, lavorativo e nei rapporti interpersonali.

Tanti omicidi commessi da uomini che non tollerano di essere abbandonati e uccidono durante una lite sono dovuti a questo disturbo?

Non dobbiamo generalizzare. Bisogna approfondire, andare oltre la cronaca. A volte ci viene rappresentata una realtà che, per esigenze di informazione, può non corrispondere al vero.

Va detto che l'uomo ha sempre cercato di creare legami forti, stabili, con il nucleo di appartenenza. Quando si è staccato dal branco lo ha fatto per rispondere a delle esigenze primarie, come quella di procacciare il cibo o di lottare, combattere per garantire la sicurezza e la sopravvivenza della propria famiglia. Mentre la donna ha sempre svolto una funzione più aggregativa, sociale, necessaria per le relazioni e la stabilità all'interno delle comunità. Accade spesso che l'uomo, di fronte al dolore dell'abbandono, abbia reazioni di cieca e improvvisa follia, durante la quale può commettere gesti inconsulti. Il trauma subìto può fare emergere un quadro psicopatologico preesistente nella personalità di quell'individuo.

Per quanto riguarda il legame che questi fatti potrebbero avere con malattie specifiche, non bisogna trascurare che, soprattutto nella fase euforica, maniacale, del disturbo bipolare, i rischi di azioni tragiche, estreme e di comportamenti incontrollabili sono effettivamente maggiori. Può prevalere infatti in questa fase un'aggressività di tipo impulsivo con conseguenze imprevedibili.

L'intervento farmacologico tempestivo può bloccare questi fenomeni maniacali?

L'episodio maniacale in fase acuta costituisce una delle emergenze più diffuse e drammatiche in ambito psichiatrico. La terapia è essenzialmente di tipo farmacologico ed è necessaria per contenere le fasi più violente della malattia, ma soprattutto per prevenire le ricadute.

Tuttavia è necessario sin stabilire dall'inizio un buon rapporto con i familiari, perché questi pazienti, soprattutto nella fase maniacale, sono poco propensi a collaborare. Rifiutano l'idea di essere aiutati, non riconoscono di avere un problema. Si mostrano aggressivi e non si attengono con scrupolo alle cure. Talora si rende necessario il ricovero anche contro la volontà del paziente per scongiurare conseguenze peggiori.

È vero che molto spesso questa malattia non viene riconosciuta, oppure viene mal diagnosticata e trattata con modalità improprie o inefficaci?

Una diagnosi errata può non solo compromettere l'azione delle terapie più appropriate, ma anche peggiorare il quadro clinico in atto. Va ribadito che la terapia farmacologica opportuna è necessaria sin dalle prime fasi di questa malattia e comporta obbligatoriamente l'assunzione di farmaci specifici per lunghi periodi. Tale cura previene l'alternarsi nel corso del tempo di quelle fasi che clinicamente corrispondono all'episodio maniacale e a quello depressivo.

A tale proposito, soprattutto oggi, si dà molta importanza agli stabilizzatori dell'umore, farmaci efficaci che garantiscono al paziente un maggiore equilibrio e una qualità di vita soddisfacente.

Quando si affronta il tema dei farmaci, sorge sempre il sospetto che dietro la «scoperta» di nuove sindromi, nuove malattie, ci siano delle realtà costruite ad hoc per creare allarme, e quindi giustificare l'uso di una determinata sostanza chimica.

Quando ciò accade si verifica quella che, comunemente, chiamiamo «scorretta comunicazione scientifica».

Eppure, quando si parla di terapie farmacologiche, aleggia sempre il dubbio che l'azione del ricercatore sia in qualche modo «guidata», viziata dai grandi interessi delle multinazionali.

È vero, lo riconosco. Spesso accade. Ma non generalizziamo troppo altrimenti si rischia di semplificare e di dare un quadro inverosimile della realtà. E allora non distinguiamo più tra ciò che è buono e ciò che non lo è, tra chi fa seriamente ricerca con grandi sacrifici e difficoltà, e chi invece persegue altri fini, altri obiettivi.

Mi spieghi meglio, a che cosa si riferisce?

Penso che chi fa ricerca in ambito scientifico è un po' come quegli storici che devono fedelmente ricostruire una data realtà. Non devono avere un'idea precostituita, devono essere obiettivi. Solo così potranno approdare a qualche risultato sorprendente, inaspettato. Certo, uscire da questo rigore può essere facile, soprattutto quando si viene corteggiati per certificare tesi o verità di comodo, di convenienza. Ma quella non è ricerca, è un'altra cosa. Per quanto mi riguarda, non ho di queste tentazioni.

È un po' polemico, o sbaglio?

Fare ricerca in questo paese è davvero molto difficile. Non è agevole procedere, inseguire un'idea. Le risorse sono limitate e il sottoscritto non ha mai abbracciato né condiviso teorie scientifiche a priori. Tantomeno per spingere questo o quel tipo di farmaco.

A riprova di ciò vorrei sottolineare che le ricerche da me proposte e realizzate dall'istituto scientifico che presiedo (l'Ircap) le ho finanziate personalmente, senza nessuna attenzione particolare o sponsorizzazione da parte di case o industrie farmaceutiche. Mi ritengo del tutto libero al riguardo. E fortunato, perché credo profondamente in quello che faccio.

Quindi esagerano, secondo lei, i detrattori, i diffidenti riguardo alla «chimica»?

Quella è un'altra cosa. È pura discriminazione. È come dire a una persona «dimmi come ti curi e ti dirò chi sei». Siamo allo stigma. Mi sembra una piccola persecuzione sociale, per cui chi è costretto a prendere medicine per curarsi viene automaticamente bollato come «imbottito di farmaci».

Tutto ciò mi ricorda un'altra forma di discriminazione, quella subita in passato da pazienti che soffrivano di epilessia. Allora venivano stigmatizzati soprattutto i farmaci che queste persone dovevano utilizzare. Penso che per loro il clima creatosi sia stato molto più doloroso della malattia stessa. C'è la volontà, oggi più che mai, di caricare i farmaci di significati che non hanno e che poi vengono utilizzati in modo strumentale per difendere interessi e privilegi di parte.

XIII

All'attacco del panico

Il suo modo di curare i pazienti si differenzia da quelli più tradizionali?

È fondamentale conoscere a fondo la storia clinica del paziente, l'esordio dei suoi disturbi, indagare sull'eventuale presenza di disturbi simili nei suoi familiari. Stabilire se l'inizio degli attacchi di panico è avvenuto senza una ragione specifica oppure ha fatto seguito a un episodio doloroso.

Va poi approfondito lo stile di vita. È necessario conoscere le abitudini e l'eventuale dipendenza, anche in tempi remoti, da droghe. È importante acquisire anche informazioni per evidenziare se l'attacco di panico è insorto in situazioni specifiche oppure no.

Situazioni specifiche in che senso?

Per esempio, se il paziente è stato colto da un attacco di panico mentre era in metropolitana, sarà importante comprendere bene le reazioni che hanno fatto seguito a quell'episodio. Se, per esempio, ha sviluppato un rifiuto tenace a salire in metropolitana nei giorni successivi all'attacco. Oppure se per svariati giorni ha preferito non uscire di casa, o ha deciso di andare al lavoro utilizzando la macchina o mezzi diversi.

Quando l'attacco di panico è svincolato da queste situazioni, come si manifesta?

Insorge inspiegabilmente, sorprendendo maggiormente chi ne viene colpito. Perché, come detto, avviene «a freddo», mentre si cammina per strada, mentre ci si trova al ristorante, al bar con gli amici, mentre si è al cinema. Comunque in uno stato di perfetto benessere e tranquillità.

Ciò è ancora più frustrante perché la persona non riesce a farsene una ragione. Inizia a rimuginare, a collegare fatti, eventi e circostanze per capire a che cosa sia dovuto quello stato di profondo malessere che l'ha travolta, quando, fino a pochi istanti prima, era pienamente in salute e in armonia. Non avrebbe mai immaginato quello che da lì a poco le sarebbe accaduto.

Allora, stabilite le circostanze del primo attacco, cosa succede?

È necessario sottoporre il paziente a una visita preliminare che comporta il controllo dei riflessi, la misurazione della pressione, gli esami di laboratorio di routine. Già dopo il colloquio e la visita si stabilisce un percorso terapeutico di tipo farmacologico sia curativo sia sintomatico.

Partiamo da quello sintomatico.

Il paziente va aiutato subito ad abbassare i livelli di ansia e di preoccupazione per eventuali altri attacchi che potrebbero colpirlo. È profondamente angosciato solo all'idea di rivivere per un attimo ciò che ha provato. Nella fase iniziale è bene affrontare questo momento prescrivendo delle benzodiazepine a bassi dosaggi, specifiche proprio per l'attacco di panico. Questa terapia sarà gradualmente rimossa una volta che avrà garantito al paziente un'adeguata copertura e stabilità.

Dunque, esistono delle benzodiazepine specifiche proprio per gli attacchi di panico? Può farmi qualche esempio?

Alcune sono particolarmente rapide ed efficaci per questo disturbo. Mi vengono in mente, a titolo di esempio, l'Alprazolam e il Clonazepam, che sarà opportuno prescrivere a dosaggi crescenti e per brevi periodi per evitare il rischio di una dipendenza.

Come agiscono queste molecole sul nostro cervello?

Queste sostanze vanno a rinforzare l'azione di un neurotrasmettitore che nel nostro cervello agisce in modo inibitorio su alcune funzioni. È il Gaba (acido gamma-aminobutirrico) che, semplificando, contribuisce a determinare un maggiore controllo laddove, come nel caso del panico, è saltato l'equilibrio biologico preesistente.

Lei ha detto che la cura con queste benzodiazepine deve essere breve. Quanto breve?

Dopo qualche settimana di assunzione si rischia di dover rincarare la dose per mantenere gli stessi effetti terapeutici avuti in precedenza. Questo potrebbe essere uno dei primi segnali del rischio di dipendenza. Ecco perché le benzodiazepine vanno utilizzate per brevi periodi, nelle prime fasi della cura, e affiancate ai farmaci curativi dell'attacco di panico.

Mantengono una loro grande utilità come farmaco «al bisogno», in grado cioè, con la stessa filosofia del cachet per il mal di testa, di stroncare la crisi in atto, rendendo il paziente del tutto autonomo nel gestire le emergenze.

Terapia al bisogno. Ma si può anche autoprescriversela?

Assolutamente no. Anche perché la prescrizione di una terapia sintomatica è l'opportunità per l'esperto di valutare l'evoluzione nel tempo di queste crisi. Soprattutto perché non ci troviamo ancora al cospetto del disturbo vero e proprio, che si caratterizza invece per episodi ripetuti e invalidanti di attacchi di panico.

Per quanto riguarda la durata del periodo di assunzione, dipende molto dall'intensità e dalla frequenza dei sintomi e dalla capacità del paziente di gestire autonomamente, senza farmaco, alcuni momenti difficili.

Questa è la terapia sintomatica, qual è quella curativa?

Qui il discorso cambia. Perché presuppone l'utilizzo della terapia davvero efficace per la cura degli attacchi di panico, la quale agisce in profondità, andando a influire soprattutto sul neurotrasmettitore più importante per curare questo disturbo: la serotonina.

I farmaci utilizzati sono soprattutto quelli che negli ultimi anni hanno dimostrato una grande efficacia e altrettanta sicurezza: gli Ssri, cioè gli inibitori selettivi della ricaptazione della serotonina.

Di che tipologia di farmaci stiamo parlando?

Stiamo parlando degli antidepressivi della seconda generazione, che hanno sostituito quelli altrettanto efficaci, ma con maggiori effetti collaterali, che li hanno preceduti, cioè i triciclici.

Quali erano gli effetti collaterali?

Erano soprattutto a carico del sistema cardiovascolare, intestinale e sfinterico. Davano fastidiose reazioni anche a livello cognitivo, caratterizzate da disturbi a carico della memoria, dell'attenzione e della concentrazione.

Allora era meglio tenersi l'attacco di panico!

Ma tali effetti collaterali si verificavano raramente. E comunque solo quando venivano utilizzati dosaggi troppo elevati, non necessari per curare questo disturbo.

Con i farmaci di seconda generazione, questi effetti secondari sono scomparsi o solo diminuiti?

I nuovi farmaci a disposizione sono molto più maneggevoli e tollerati, privi di quegli effetti sgradevoli che hanno contraddistinto le terapie precedenti. Anche per questo mantengono la denominazione di «antidepressivi atipici». Va comunque detto che ogni terapia, dal momento che modifica lo stato biologico preesistente nel nostro organismo, darà inizialmente degli effetti collaterali che saranno transitori e, col prosieguo della cura, tenderanno via via a scomparire.

Del tutto?

La maggior parte di essi. Sarà comunque il ripristino di una situazione di accettabile e soddisfacente normalità a farli passare ampiamente in secondo piano. Ecco perché, soprattutto all'inizio, il paziente deve avere la possibilità di comunicare direttamente con il proprio medico per avere tutte le spiegazioni necessarie e per poter, sotto il suo diretto controllo, modificare dosaggi e modalità di assunzione del farmaco che, ricordiamolo, variano sensibilmente da persona a persona.

Mi sembra strano che si possano curare degli attacchi di panico che non hanno niente a che fare con la depressione attraverso gli antidepressivi.

In realtà, il termine «antidepressivo» può confondere le idee ad alcuni pazienti che soffrono di attacchi di panico e che non sono assolutamente depressi. Anche se poi la sostanza su cui si punta per far star meglio i pazienti è la stessa in entrambi i disturbi, e cioè la serotonina.

Questi farmaci sono piuttosto eclettici. Mi spiego: a un determinato dosaggio possono agire in modo curativo sull'ansia, sul panico, sulle ossessioni e sui traumi da stress. In altri casi vanno a sollecitare in modo specifico il nostro sistema biologico, modificando in modo mirato l'azione di alcuni neurotrasmettitori. Dipende, quindi, molto da come vengono utilizzati e soprattutto per quale disturbo si vogliono prescrivere.

A volte si sente dire: «Ha provato di tutto ma niente ha funzionato».

Ho molti dubbi al riguardo. Anche perché mi capita spesso di vedere pazienti che hanno assunto terapie farmacologiche, anche impegnative, somministrate però, a volte, in modo improprio, inadeguato. A quel punto decido di modificare a poco a poco la terapia precedente iniziandone progressivamente una nuova. Con grande sorpresa e felicità del paziente, dopo un po' le cose migliorano sensibilmente, e si riducono in modo evidente i tanto fastidiosi effetti collaterali.

Con ciò voglio dire che curare certi disturbi presuppone una conoscenza approfondita dei farmaci che si utilizzano, altrimenti, ma questo accade per tutte le medicine, saremmo portati ad attribuire gli insuccessi terapeutici all'inefficacia dei farmaci, quando invece la responsabilità andrebbe attribuita alla mancanza di esperienza specifica del medico che cura questo disturbo.

Ma gli antidepressivi di seconda generazione vanno somministrati da soli?

Nelle prime fasi, come ho spiegato, preferisco affiancare a essi le benzodiazepine per stemperare alcuni effetti collaterali che possono disturbare questi pazienti angosciati dall'idea del peggioramento iniziale.

Poi, sottraggo progressivamente le benzodiazepine dal piano di cura, lasciandole occasionalmente come farmaco da soccorso immediato per rendere il paziente del tutto autonomo nell'affrontare le crisi residue senza ricorrere a rimedi alternativi che possono essere pericolosi.

Quali sono?

Alcuni pazienti prima della terapia, nel momento dell'attacco di panico, presi dalla confusione e dallo sconforto, sono portati a mischiare diverse sostanze: prodotti omeopatici, da banco, tisane con erbe di varia natura, sonniferi, alcolici, non sapendo che queste sostanze possono spesso entrare in conflitto tra loro, e dar luogo alla comparsa di effetti imprevisti.

Quanto dura la terapia con gli antidepressivi?

Sono solito mantenere questo tipo di terapia per almeno 6 mesi dopo la totale scomparsa degli attacchi di panico.

Successivamente inizio a ridurre la cura con gradualità, tenendo d'occhio il comportamento del paziente. Diventa importante che rimanga non solo in uno stato di benessere reale, ma che non modifichi il ritmo e le abitudini di una vita ritornata a essere autonoma.

E gli ansiolitici, invece, vanno abbandonati subito?

Sì. Questi farmaci sono un po' le prime armi che vengono utilizzate per combattere l'ansia e gli attacchi di panico. Ma sono armi che andrebbero deposte il prima possibile.

In che senso?

Penso che sia giunto il momento di iniziare a educare i pazienti all'uso corretto dei farmaci. Prendiamo proprio gli ansiolitici, che appartengono alla famiglia delle benzodiazepine. Sono tra i farmaci più utilizzati nel mondo, e il loro largo uso è dovuto al fatto di produrre un rapido effetto sedativo, calmante, che viene molto apprezzato dalle persone.

Che cosa non le va giù?

Che questi farmaci siano diventati una sorta di «pronto soccorso» perenne a cui si ricorre al minimo problema che insorge.

Ma chi ne fa uso non penso sia poi così felice di prenderli. È costretto dai suoi problemi di ansia, dagli attacchi di panico. O no?

È proprio questo il punto. Perché va detto e ribadito che questo tipo di farmaco agisce solo sui sintomi e non sulle cause della malattia.

Mi spieghi.

Gli antipiretici possono essere utili per abbassare, temporaneamente, la febbre, non devono però sostituirsi agli antibiotici, spesso necessari per curare l'influenza.

Ma allora molta gente è convinta di essere curata e invece non lo è.

Proprio così. Gli ansiolitici diventano delle stampelle dannose, che all'inizio fanno fare bella figura a chi li prescrive, ma poi, piano piano, la loro efficacia si riduce e allora...

E allora?

Allora chi li prende deve rincarare la dose per mantenere gli stessi effetti precedentemente raggiunti. E qui cominciano i problemi.

Che cosa succede?

Che si va verso l'anticamera dell'assuefazione, della dipendenza. Con il rischio concreto di diventare schiavi per tutta la vita di farmaci che andrebbero presi, invece, solo per brevi periodi.

Ma come, lei che è un convinto sostenitore della terapia farmacologica negli attacchi di panico, ora invece appare così critico con gli ansiolitici. Perché?

Perché gli ansiolitici, a differenza di altri farmaci, non curano gli attacchi di panico. Perché con gli ansiolitici si verifica il fenomeno dell'autoprescrizione che impedisce una corretta diagnosi del disturbo di base. Perché spesso gli ansiolitici vengono consigliati dall'amico o dal conoscente di turno, e poi eletti a «farmaci a vita». Perché gli ansiolitici impediscono di utilizzare quella terapia farmacologica che invece è necessaria per curare gli attacchi di panico.

A volte i pazienti si lamentano degli scarsi successi raggiunti con la terapia. Poi si scopre che sono stati «curati» solo passando da un ansiolitico all'altro.

Come andrebbero presi questi farmaci?

Per un periodo limitato e sempre sotto il controllo del medico. Ma, voglio ribadirlo, i pazienti devono sapere che gli ansiolitici non curano né l'ansia né gli attacchi di panico. Sono gli Ssri i farmaci di prima scelta, perché veramente efficaci, e ben tollerati, per curare questi disturbi.

Ci sono molte resistenze da parte dei pazienti a questa terapia farmacologica?

Molti accettano l'idea di curarsi visibilmente angosciati e convinti di essere all'ultima spiaggia. Arrivano con idee bislacche, con pregiudizi dannosi che ancora influiscono negativamente sul loro reale desiderio di curarsi in modo diverso. Tanti esibiscono al primo incontro articoli presi da Internet, dai giornali o da interviste che criticano la scelta di affrontare gli attacchi di panico con i farmaci. Implorano aiuto, ma contemporaneamente mi supplicano di guarirli senza l'utilizzo di medicine.

È singolare che spesso, all'inizio, a muoversi sia il nucleo familiare al completo. Quasi a testimoniare uno stato di disagio diffuso in chi è ormai giunto a un punto di non ritorno. Ma anche per avere un supporto, una conferma, di ciò che dico e spiego in merito al loro disturbo.

Come li convince ad assumere i farmaci?

Prendo un foglio e disegno un recinto, all'interno del quale colloco il paziente. Gli spiego che il mio compito è quello di entrare nel suo recinto e di spingerlo progressivamente fuori da lì. Potrà allora ritrovare la libertà, la gioia di vivere e la stima di sé. Ma per raggiungere questo risultato, chiedo in modo esplicito la sua più totale collaborazione e fiducia. Ed è necessaria, sin dall'inizio, l'assoluta disciplina nel seguire la cura.

Il paziente va responsabilizzato e coinvolto, perché deve progressivamente diventare un esperto di panico. Solo attraverso una serie di spiegazioni che riguardano la cura e sono finalizzate a un pieno coinvolgimento in tutte le fasi della terapia, si potrà raggiungere un livello di totale collaborazione. L'obiettivo è diventare entrambi nemici giurati del panico.

Di solito i medici non danno troppe informazioni sui farmaci che prescrivono, tanto meno se sono farmaci che agiscono a livello psichico.

Consiglierei seriamente ad alcuni miei colleghi un corso di comunicazione per migliorare la modalità di interagire con i loro pazienti.

È necessario essere molto chiari con loro. Può essere indispensabile, a volte, ricorrere a schemi, metafore, disegni o a esempi di varia natura. Molto spesso il paziente è angosciato perché gli risulta difficile comprendere quello che sta succedendo. Una volta informato, sarà molto più propenso a seguirci, a collaborare con noi. Attraverso una reciproca comprensione sarà possibile raggiungere dei risultati e degli standard che sono certamente superiori a quelli ottenuti con una modalità di comunicare che spesso è fredda e distaccata.

Torniamo alla terapia. Quando si dovrebbe cominciare la cura? Dopo il primo attacco di panico?

Non necessariamente. Dipende dai danni lasciati sul campo da questo disturbo. Mi spiego. Se nel volgere di un brevissimo periodo la persona che ha avuto l'attacco inizierà a cambiare il suo modo di pensare e di agire, allora deve iniziare a curarsi senza aspettare. Se invece chi ha subìto l'attacco di panico non ha attribuito grande importanza a quell'episodio e lo ha archiviato come un fatto banale, allora è bene aspettare. Anche se io preferisco giocare d'anticipo.

Che vuole dire?

Che il nemico ha sparato già il suo primo colpo, non diamogli la possibilità di sparare il secondo, perché potrebbe aggiustare la mira e ferirci sul serio. Allora iniziamo a studiare e a prevedere le sue prossime mosse.

In che modo?

Innanzitutto fornendo al paziente l'identikit completo dell'attacco di panico. Affinché sapendo cos'è e conoscendolo meglio eviti di spaventarsi e di allarmarsi oltremodo al prossimo attacco.

E poi?

E poi dotando il paziente di un pronto soccorso di immediato utilizzo con cui affrontare i momenti peggiori.

Tutto qui?

No. Se poi il nemico è deciso ad attaccare ancora, allora si inizia la terapia farmacologica, quella vera. Che essendo curativa ha buone possibilità di fare arretrare il nemico, aiutando il paziente a vincere la sua battaglia.

Quando cominciano di solito i primi miglioramenti?

Anche qui c'è un'ampia variabilità. Ad alcuni già dopo una settimana sembra di toccare il cielo con un dito e si sentono subito sollevati dal peso, dalla convinzione di essere dei malati inguaribili. Per altri il miglioramento avviene dopo 3-4 settimane, e questo è il tempo che la terapia si concede per garantire un apprezzabile, adeguato approvvigionamento di serotonina nell'organismo e un suo utilizzo specifico in quelle aree del cervello dove la sua azione, oltre che essere richiesta, è preziosa.

Lei ha parlato anche di interventi impropri nel curare gli attacchi di panico. In che senso li definisce «impropri»?

Chi si occupa di questi pazienti deve avere una capacità di ascolto e una disponibilità particolari. Deve comprendere che l'ascolto è altrettanto importante della terapia medica. Anche perché all'inizio il paziente si porrà una serie di domande, molte delle quali scaturiscono dalla paura di fare un salto nel buio. A volte, a prevalere sono lo scetticismo e il pregiudizio, che nascono dalla convinzione che la cura farmacologica sia un percorso irto di insidie e di incognite. Per questo, soprattutto in principio, il paziente deve avere la possibilità di confrontarsi con il proprio medico per avere conferme e rassicurazioni continue.

E questo non accade sempre.

No. Alcuni medici pensano di concludere la terapia nel momento in cui salutano i loro pazienti. Ma la fase importante si verifica dopo. Perché, soprattutto nei primissimi giorni, il paziente si porrà nei confronti della cura in modo ambiguo, angosciato. Riconoscerà la necessità di cominciarla, ma al contempo sarà spietatamente portato a collegare alla terapia il più piccolo cambiamento fisico e psichico che lo riguarda. È forte in questa fase, per molti, il desiderio di smettere, di mollare.

E chiamerà continuamente il suo medico per avere risposte e rassicurazioni…

Ma deve chiamare il suo medico! E non deve rivolgersi ad altri. Altrimenti la situazione si ingarbuglia, si complica. Perché a volte le informazioni date dagli altri possono non coincidere con quelle di chi ha prescritto la cura. Questo genera ansia, preoccupazione, con il rischio che il paziente interromperà bruscamente la terapia, esponendosi agli effetti dannosi che scaturiscono da questa sua decisione.

Cinicamente mi viene da pensare che il medico, una volta che ha assegnato la terapia, possa essere un po' infastidito dalle ossessionanti telefonate del paziente che gli enumera tutti gli effetti collaterali, le sue paure, i suoi dubbi.

Proprio perché sono contrario a qualunque forma di dipendenza, conto molto su un rapporto di schiettezza e di sincerità con il paziente fin dall'inizio. Miro subito a trasferire una serie di informazioni e a ribadirle spesso, affinché il paziente se ne appropri e diventi autonomo e perfettamente capace di affrontare le emergenze. Avrà sempre meno timore di misurarsi col panico, perché in grado di affrontare quegli imprevisti che a volte insorgono nel corso di terapie così delicate. Chi non comprende l'importanza di questa sorta di cura parallela si sottrae alla costruzione di un rapporto medico-paziente ideale, le cui potenzialità possono influire non poco sul risultato finale: la guarigione.

Torniamo ai farmaci. Non deve essere facile per lei far passare il messaggio di quanto siano necessari per curare gli attacchi di panico. Vero?

No, non è facile. Ma lo ritengo il punto focale, fondamentale di questo libro. Far comprendere agli altri quanto sia realmente possibile liberarsi dalla «bestia» del panico. Molti pazienti rifiutano i farmaci perché divorati dai dubbi. A volte prevalgono i pregiudizi o le false credenze. Poi, invece, una volta iniziata la cura, ne traggono beneficio e si rammaricano per aver perduto del tempo prezioso.

Quali sono le difficoltà maggiori che incontra con questi pazienti?

Paradossalmente i problemi non sono tanto legati alla scelta di questo o quel farmaco, quanto piuttosto a smontare tutti quei timori e resistenze che si presentano all'inizio della terapia. Molti poi si rendono conto che aver trascurato a lungo il loro disturbo li ha portati a prendere una strada triste e priva della speranza di uscirne.

Alcuni di loro mi dicono: «Lei è rimasta la mia ultima speranza, so che ha guarito tante persone, spero che possa riuscire anche con me». Quasi a sfidarmi o a supplicarmi di mettercela tutta per aiutarli.

Ma perché arrivano da lei con estremo ritardo?

Non mi sento nemico di questo o di quell'altro metodo. Ma ritengo sia ormai necessaria un'assunzione di responsabilità estesa a tutti gli operatori del pianeta panico. Nessuno vuole cancellare Freud o affermare, promuovere «l'era biologica». Ma tutti noi dobbiamo, con la massima sincerità, proclamare davanti ai pazienti se siamo in grado o no, in un ragionevole lasso di tempo, di risolvere o attenuare il loro disturbo. E questi progressi il paziente, al di là delle parole, li dovrà verificare mettendosi costantemente alla prova. Quando esce, se si reca al lavoro, quando guida la macchina, quando cammina per strada, va al cinema, a teatro, nei ristoranti…

… ma anche in banca, al supermercato, in metropolitana, a passeggio in città. Insomma mi sembra di capire che l'obiettivo sia «riagganciare» la vita normale.

Sì. E ritengo che il paziente debba pretendere, da colui/colei che lo cura, di essere informato sui tempi e sui modi che intende seguire per raggiungere certi obiettivi, che vanno poi rispettati.

Il paziente non deve sottoscrivere una delega in bianco al suo terapeuta, ma deve diventare parte attiva di una cura che richiede sin dall'inizio il suo impegno e la sua piena partecipazione.

È noto che il medico di famiglia è il primo a occuparsi di queste persone. Un punto di riferimento da cui non si può prescindere se si vuole agire in modo capillare per sensibilizzare le persone sulla reale portata di certi fenomeni. Cosa ne pensa?

Il medico di famiglia, che esercita un'importante funzione sociale, deve ancora «cucirsi un abito» per meglio indirizzare i pazienti. Si sa che la neurologia e la psichiatria sono materie così complesse che non consentono alcuna improvvisazione. Esigono preparazioni altamente qualificate in ambito sia universitario sia postuniversitario. Qualcuno potrà giustamente obiettare che ciò è altrettanto vero per le altre discipline, ma la complessità della materia (riguarda il cervello) di cui stiamo parlando implica un approccio troppo delicato per liquidare l'argomento con poche battute.

Nel corso della mia esperienza ho avuto, talvolta, occasione di verificare l'esistenza di mandati in bianco conferiti dal medico generico a se stesso, pur necessitando il paziente di più approfondite indagini propriamente neurologiche per pervenire a più adeguate e tempestive terapie. Per fortuna, attualmente l'assunzione monopolistica (da parte del medico generico) di tali malati si verifica con una frequenza minore rispetto ad anni non troppo lontani. Tuttavia la presenza, non sempre giustificata, del medico di base è ancora tale da preoccupare lo specialista (neurologo o psichiatra) quando il paziente si presenta tardi per una messa a punto di adeguate terapie.

La causa è una scarsa dose di umiltà da parte di alcuni medici generici, che si assumono talvolta oneri che non possono essere loro assegnati, se non nella primissima fase della malattia. Non solo, il medico generico appronta, in una prima fase, una terapia-tampone che non ha altro scopo che quello di ottenere una temporanea riduzione del problema.

Cosa intende dire?

La mia opinione è, in estrema sintesi, la seguente: non voglio negare il lavoro utilissimo e prezioso del medico generico ma, come peraltro alcuni di loro già fanno, l'ammalato va subito inviato a chi ha maggiore competenza in quel ramo specifico. Il rimandare a epoche successive quello che può essere realizzato immediatamente non produce altro che il peggioramento delle condizioni del paziente con possibile, conseguente cronicizzazione della sua malattia.

Discorso analogo andrebbe fatto per una parte dei farmacisti, i quali o propinano arbitrariamente medicinali incongrui o criticano apertamente l'operato dello specialista, al quale in modo esplicito o implicito fanno risalire la responsabilità di prescrivere farmaci ritenuti troppo forti o troppo deboli e che invece richiedono soltanto un periodo di normalizzazione.

Diciamo che il paziente è guarito. Smette la terapia. Poi, di colpo si verifica un altro attacco. Che succede?

Si valuta la situazione nella sua globalità. Se le crisi residue sono sporadiche e non invalidanti, si privilegerà una terapia blandamente sintomatica. Il paziente è ormai del tutto in grado di autogestirsi, ma se questa sorta di ricaduta è da collegare a un momento difficile nell'esistenza di quella persona (lutti, separazioni, incidenti vari), sarà allora opportuno proteggere e coprire transitoriamente questa fase con un breve periodo di richiamo della terapia curativa effettuata in precedenza.

Un po' come il richiamo del vaccino?

Esatto. Con dei cicli di richiamo che mirano a desensibilizzare e neutralizzare progressivamente quegli stimoli che nel passato mettevano in crisi il paziente, impedendogli di affrontarli e superarli.

Lei ha parlato spesso di collegare il suo intervento con quello di una breve terapia cognitivo-comportamentale. Come dovrebbe avvenire questo approccio combinato?

Prima di far comprendere al paziente l'utilità di una terapia combinata è necessario abbassare i livelli di guardia e di preoccupazione riguardo alla sua salute. È un punto fondamentale, perché poi sarà possibile contare su una sua maggiore collaborazione a condividere altri percorsi che lo potranno aiutare ulteriormente.

Per quanto mi riguarda, amo passare subito dalla teoria alla pratica e dimostrare al paziente che, oltre alla scomparsa degli attacchi di panico, ha recuperato tutta una serie di comportamenti e abitudini che lo hanno restituito a una condizione di completa normalità. Per esempio, ora può pianificare un viaggio con tranquillità, percorrere dei lunghi tragitti guidando liberamente, superare la paura di trovarsi bloccato nel traffico, o incolonnato in file angoscianti. Oppure camminare con serenità in città, raggiungendo quei luoghi che in precedenza erano tenacemente evitati. A questo punto ritengo che il paziente debba diventare il titolare di tale metodo di graduale esposizione, per poter raggiungere un livello di indipendenza totale, ma anche avere una percezione diversa dell'ambiente che lo circonda e del modo di interagire con esso. Allora diventa utile affiancare alla terapia farmacologica una psicoterapia operativa, pratica, che lo aiuterà pian piano a consolidare l'autonomia e l'equilibrio raggiunti.

C'è un substrato scientifico in questo approccio integrato?

Certamente, perché è stato dimostrato che sia la terapia farmacologica sia la psicoterapia cognitivo-comportamentale modificano gradualmente la reattività di quei centri che sono coinvolti nella fenomenologia degli attacchi di panico. Agiscono su quella straordinaria qualità del nostro cervello che si chiama «plasticità», attraverso la quale possiamo, con l'utilizzo di terapie adeguate, capovolgere la situazione a vantaggio del paziente. Se lo sottoponiamo, infatti, a una risonanza magnetica funzionale, dopo un periodo di terapia combinata, sarà possibile dimostrare che quei centri nervosi in precedenza iperattivi sono meno irritabili, e che questo cambiamento coincide con un'attenuazione dei sintomi e con la guarigione del paziente. Mi riferisco ovviamente soprattutto all'amigdala, all'ippocampo e alle aree prefrontali della corteccia cerebrale.

XIV

I candidati al panico

Abbiamo visto quanto possa essere invalidante il panico. È una trappola dalla quale è difficile uscire da soli.

Una trappola che può durare tutta una vita. Mi ricordo una mia paziente che, nel pieno della sua vita sentimentale, lavorativa, iniziò a soffrire di attacchi di panico di una certa intensità. Perciò le imposero di vivere sotto scorta perenne. I suoi familiari si erano talmente spaventati nel vederla soffrire, durante le crisi, che presero seriamente a cuore il problema e decisero a modo loro di aiutarla.

Come?

Stabilirono dei veri e propri turni tra loro. Quattro, cinque persone della famiglia si alternavano a orari stabiliti per garantirle il massimo supporto e aiuto in ogni più piccolo spostamento della giornata. Si era creata, per proteggerla dalla paura di dover affrontare da sola la vita, una sorta di sorveglianza continua, grazie alla quale trovava la forza di uscire, di andare al lavoro, al cinema, a fare la spesa. Ovviamente col tempo questo rimedio si dimostrò soffocante e dannoso perché non consentiva di attuare la terapia più giusta.

Accompagnati, guardati a vista. Pronti a ricevere un soccorso al più piccolo malore. Una vita in continua emergenza.

Sì. Chi affianca questi pazienti diventa, suo malgrado, una sorta di guardia del corpo. Un sostegno per affrontare le insidie, gli imprevisti che possono facilmente annullare il loro equilibrio. Quello tra paziente e accompagnatore è spesso un rapporto morboso, a volte conflittuale, perché si trasforma in una rabbiosa dipendenza che influisce pesantemente sulla vita di entrambi.

Chi soffre di attacchi di panico si sente spesso umiliato a dover chiedere o contare costantemente sull'aiuto degli altri. Eppure l'accompagnatore è una necessità obbligata, è la dose di ossigeno per affrontare quel senso di morte, di precarietà assoluta che scandisce il ritmo della giornata.

Si accontentano di vivere così, blindati nelle loro paure?

Di sopravvivere, mi sentirei di dire. Decidono di combattere il panico a modo loro. Abituati a vivere con regole rigide e ripetitive, applicano schemi inutili e dannosi che favoriscono l'aggravarsi e il cronicizzarsi dei loro disturbi.

Ma perché rifiutano di curarsi? In fondo il danno peggiore è verso se stessi.

Sono persone ostinate che non tengono conto, scartandole a priori, delle molteplici possibilità terapeutiche che potrebbero toglierle da quel terribile baratro. Decidono autonomamente di sottrarsi alle cure, con l'obiettivo di tirare a campare, evitando di seguire la strada più giusta. Non accettano consigli e oppongono una tenace resistenza alle cure prescritte, convinte che le medicine possano provocare in loro conseguenze dannose.

Un giorno una paziente sfidandomi disse: «Accetto di fare la cura soltanto se mi dà la possibilità di prendere i farmaci tutti i giorni davanti a lei». Ovviamente acconsentii, e fu per lei una grande sorpresa constatare che il farmaco prescritto non le causava alcun particolare problema, ma le consentiva gradualmente di recuperare il terreno perduto.

Altri invece decidono di prendere il farmaco dopo aver parcheggiato la macchina davanti a un Pronto soccorso, per essere certi di ricevere aiuto nel caso insorgesse un improvviso malore.

Questi pazienti «forzati», che domande le fanno?

Alcuni non hanno ancora iniziato la cura e già mi chiedono preoccupati: «Ma poi quando me li toglie questi farmaci?». Altri, invece, si sentono sull'orlo del patibolo, perché certi che la terapia avrà su di loro effetti prorompenti. Alcuni, più fantasiosi, prima di rivolgersi a me iniziano a consultare medici vari, per farsi prescrivere il kit necessario per affrontare un'eventuale reazione improvvisa o uno shock anafilattico.

I più diffidenti calcolano e verificano tutto, attenti a non trascurare il minimo particolare. Infine, convinti, decidono di iniziare la cura ma solo se assistiti da chi ritengono in grado di poterli soccorrere. Oppure tengono a portata di mano quello che per loro è il rimedio efficace, per affrontare eventuali imprevisti. Alcuni, invece, temono che il farmaco possa causare un'improvvisa alterazione dei loro pensieri, o addirittura farli impazzire. Sono convinti che la cura sia per loro un salto nel buio, perché affievolisce la capacità di controllo, rendendoli più esposti ai vari pericoli.

C'è da comprenderli, però. Il contesto sociale, culturale in cui viviamo non aiuta certo ad accettare in modo sereno e tranquillo alcuni rimedi che, mi sembra di capire, sono indispensabili.

È così. Ma tutto ciò rischia di essere a dir poco paradossale. Non voglio certo apparire come il promotore di una campagna a sostegno dei farmaci. Tanto meno di una «operazione simpatia» in loro favore. Ma c'è qualcosa che non funziona in questo paese. I pregiudizi su questo tipo di cura nascono quando volutamente si attribuiscono ai farmaci significati che non hanno. E poi, a volte, è l'incoerenza a determinare i comportamenti più strani.

A che cosa si riferisce?

Siamo tutti, a parole, paladini e sostenitori convinti della nostra salute. Poi però siamo propensi a chiudere un occhio e a promuovere tranquillamente l'abuso di alcune sostanze che sono certamente dannose per noi. Alcol, tabacco, caffeina, ecc.

E allora?

Le faccio un piccolo, ma significativo, esempio. Un giorno un cocainomane si rivolse a me perché mentre fumava uno spinello ebbe un fortissimo attacco di panico. Si spaventò moltissimo ma, con mio grande stupore, non smise né gli spinelli, né la cocaina. Alla fine del suo racconto, e prima che io parlassi, si affrettò a dirmi: «La prego dottore, farò tutto quello che vuole, ma mi rifiuto di prendere farmaci, è contro i miei principi».

C'è un immaginario collettivo, molto diffuso, che ritiene che ci sia una «chimica buona», la cocaina, la cannabis, perché garantisce lo sballo. E una «chimica cattiva», gli psicofarmaci, soprattutto nel momento in cui si devono prendere per fare una cura. Ma c'è anche il rifiuto di prendere farmaci per non essere etichettato come un «malato di mente», preferendo di gran lunga lo status, l'etichetta di «tossicodipendente».

C'è una netta prevalenza di donne tra i suoi pazienti.

Sì, ed è un dato che trova conferma in studi epidemiologici piuttosto chiari al riguardo: le donne soffrono fino a due, tre volte di più di attacchi di panico rispetto agli uomini. Ma, a mio avviso, questa netta differenza andrebbe ridimensionata. È un pochino «bugiarda».

Bugiarda? In che senso?

Nel senso che questi studi trascurano, o meglio non indagano a fondo su quei fattori culturali che potrebbero incidere molto nella definizione e descrizione di un certo fenomeno.

La donna soffre di più di attacchi di panico, ma è altrettanto vero che l'uomo rimane spesso vittima di uno stereotipo che lo costringe ancora oggi a nascondere a lungo i suoi disagi, le sue paure. Indugia molto prima di chiedere aiuto, perché si sente sconfitto per non essere stato capace di resistere, di dominare, di soffrire…

Ma come, ancora quest'uomo? Pensavo si fosse estinto.

Non direi proprio. Basta guardare i reality show. Sempre pronti a proporre gli stessi modelli. Quello del bello e dannato, del Tarzan del terzo millennio, oppure del guerriero silenzioso sicuro di sé, o del cacciatore che parte e poi all'improvviso ritorna. E poco importa se soffre, se prova dolore. È un uomo deciso, ostinato a nascondere le proprie emozioni. Non mi sembra quindi che le cose siano profondamente cambiate. L'uomo è ancora preoccupato di non far trapelare la sua debolezza, è angosciato da come possa essere percepita dagli altri.

Un giorno, un professionista affermato crollò e in lacrime disse: «Ma ora come glielo racconto agli altri che soffro di attacchi di panico?». Lo aveva nascosto per anni alla moglie, ai figli, agli amici e temeva fortemente il loro giudizio. Era il punto di riferimento per loro perché veniva considerato forte e generoso, sempre pronto a impegnarsi per gli altri. Poi, all'improvviso, si verificarono i primi disturbi. Decise subito di «curarsi da solo». Ma negli ultimi tempi aveva cominciato a bere e, oltre agli attacchi di panico, era comparsa anche la depressione.

E la donna?

Come detto, la donna è meno condizionata dell'uomo dai modelli vincenti, dal giudizio degli altri. Si pone meno problemi quando deve rivolgersi a qualcuno per chiedere aiuto. E lo fa con minore imbarazzo o vergogna. Ma soprattutto accetta l'idea di non poter affrontare la cosa da sola. Sa di poter contare su quel «piano di protezione» sociale che in qualche modo legittima la sua sofferenza.

Quanto incidono i fattori culturali?

Moltissimo. La nostra società, per quanto la situazione sia notevolmente migliorata rispetto al passato, pone ancora molta attenzione ai comportamenti assunti dall'uomo e dalla donna. E allora è socialmente più accettabile e comprensibile la figura della donna che parla in pubblico delle sue debolezze, delle sue paure.

Mentre l'uomo è ancora condizionato da una sorta di «censura sociale» che lo vuole perennemente impegnato a vincere e a funzionare. Tutto ciò influenza ancora molto i nostri comportamenti, il nostro modo di agire. E certi valori, certi modi di fare, vengono stabiliti e condivisi nei vari contesti sociali.

Sono sempre in aumento coloro che inseguono il mito dell'efficienza, del «tutto e subito» che riconosce nel profitto, nel rendimento, nell'affermazione e nella competizione i suoi valori assoluti.

Chi sono le donne che vengono da lei?

Tutte, nessuna esclusa. Casalinghe, studentesse, manager, professioniste, come pure attrici, personaggi dello spettacolo, giornaliste, ecc...

Subito da lei, al primo attacco di panico?

Non subito. Anche perché, come ho spiegato, raramente il primo attacco di panico viene riconosciuto come tale.

E poi?

E poi la musica cambia: E la «bestia» si ripresenta in tutta la sua prepotenza, entrando violentemente nella vita di quella persona.

Mi ricordo quella studentessa che perse i primi 3 anni di università perché era angosciata dall'idea di prendere la metropolitana. Non riuscì a seguire le lezioni e alla fine si ritirò.

E poi la casalinga che viveva da sola e aveva paura di uscire, che per fare la spesa calava con la fune il paniere e supplicava i passanti di comprare per lei i generi di primo bisogno.

Oppure quell'impiegata di banca ormai reclusa in casa

che implorava i familiari di restare con lei, di non lasciarla da sola perché si sentiva svenire. La sua vita era diventata un inferno dopo aver avuto un attacco di panico dentro la banca. Fu un'esperienza tremenda perché rimase bloccata nella porta di vetro.

Ancora, la donna che ebbe un giorno un attacco di panico mentre era in fila al supermercato. Gettò la spesa per terra e, urlando, corse all'esterno per chiedere aiuto.

La paura di avere un secondo attacco di panico le porta a fare molte rinunce.

Molte rinunciano a guidare la macchina, ad andare a scuola a prendere i figli. Temono che un attacco di panico possa mettere a rischio la propria sicurezza e quella degli altri. Tante donne evitano il parrucchiere perché hanno paura del casco, che impedirebbe loro di allontanarsi urgentemente se colpite da un attacco di panico.

Altre invece temono l'agguato al bar, al cinema, in chiesa, o mentre camminano per strada. Oppure nei locali pubblici, mentre aspettano l'autobus, o a tavola.

Alcune decidono di cambiare improvvisamente lavoro perché convinte che sia la causa dei loro malori. Allora optano per un'occupazione che garantisca loro il totale controllo su orari, spostamenti, pause, e annulli tutti quegli imprevisti che potrebbero risultare «fatali».

Molte decidono di ritirarsi in trincea, per combattere da lì un nemico che ha avuto sempre la meglio. In tutte prevale una tenace diffidenza a spostarsi, a recarsi in luoghi non conosciuti, a raggiungere mete diverse, per la paura di rimanere bloccate o nel timore di non vedere soddisfatta un'improvvisa richiesta d'aiuto.

E i bambini come reagiscono agli attacchi di panico?

Se vengono colti di notte, vivono momenti drammatici. Mi ricordo di Carlo, un bambino sveglio e vivace. Implorava i suoi genitori di non muoversi, di stargli vicino. Piangeva a dirotto, supplicava la madre di non lasciarlo da solo. Pretese a lungo di dormire con loro e di tenere accesa la luce per tutta la notte. Poi di giorno protestava perché non voleva andare a scuola.

E i genitori lo costringevano ad andarci?

All'inizio, sì. Ma poi cedevano, perché commossi dalla sofferenza e dalle suppliche del loro bambino. E quando riuscivano a convincerlo ad andare a scuola, dovevano andare ad aspettarlo all'uscita.

Carlo ha avuto altri attacchi anche a scuola?

Purtroppo sì. E avevano seriamente compromesso il suo rendimento e il suo inserimento in ambito scolastico.

Come si manifestavano gli attacchi?

Lasciava il banco e chiedeva con insistenza alla maestra di chiamare la madre perché si sentiva morire. Aveva nausea, mal di testa, e la tendenza a piangere, a disperarsi.

I bambini, quando vengono portati da lei, riescono a raccontarle i disturbi di cui soffrono?

Spesso hanno difficoltà a spiegare quello che hanno provato. Oppure si toccano il petto, il viso, la gola e vanno su e giù per la stanza come per chiedere aiuto. Tremano e, pallidi, supplicano la madre di tenergli forte la mano.

Lei come si comporta con loro durante la visita?

Cerco di partire alla larga. Provo a scherzare, a sdrammatizzare, evitando di fare domande dirette. Poi chiedo ai genitori se negli ultimi tempi il bambino ha avuto disturbi che gli hanno impedito di mangiare, giocare, o gli hanno fatto cambiare alcune abitudini. In seguito affronto il problema della paura. E mi accorgo che il bambino, se deve rispondere, chiede aiuto ai suoi genitori. I quali mi dicono che il piccolo, appena arriva la sera, cambia improvvisamente umore. In casa segue il padre e la madre dovunque, per rimanere in stretto contatto con loro. Accende tutte le luci perché ha paura del buio e di affrontare ancora una volta la notte.

Come finì con Carlo?

Comprendemmo con i genitori che quel periodo era per loro un momento difficile. Discutevano spesso a voce alta, facendo capire al figlio che per loro la separazione era imminente. Più volte Carlo vide la madre piangere, lei iniziò a comportarsi con lui in modo meno affettuoso e premuroso. Carlo aveva degli incubi angoscianti. Sognava che avrebbe perso per sempre il padre o la madre. Consigliai ai genitori una terapia familiare che aiutò entrambi a ritrovare il giusto afflato e la consueta armonia.

Sì, va bene per i genitori di Carlo. Ma in altri casi in cui i genitori vogliono assolutamente separarsi e il loro figlio reagisce come Carlo, cosa farebbe?

Anche per i bambini, quando gli attacchi di panico avanzano, bisogna prendere in considerazione l'idea di iniziare una terapia farmacologica. Altrimenti il quadro clinico può complicarsi anche con una depressione, difficilmente superabile con i soli approcci di natura psicologica.

Il bambino arriva con i propri genitori, si fida di loro e a volte chiede a loro di spiegare i suoi disturbi. L'adolescente, che di solito si ribella ai genitori, che li contesta, come si rivolge a lei in loro presenza?

Durante la visita, un suo sguardo eloquente mi fa capire che vuole rimanere solo con me. Capisco che è arrivato per lui, finalmente, il momento di «vuotare il sacco». Mi parla dei suoi attacchi di panico che lo perseguitano ovunque, ma anche del fatto che sono iniziati dopo aver fumato qualche spinello. Mi chiede di non dire nulla ai suoi genitori perché si sente in colpa per aver tradito la loro fiducia. Gli spiego che quello che ha fatto non va sottovalutato. Allora mi racconta che abusa anche di alcol e a volte sniffa pure la cocaina. A quel punto, con il suo consenso, affinché non si possa sentire «tradito» da me, decidiamo di coinvolgere i suoi genitori, per fare gioco di squadra in un momento di evidente difficoltà nella sua vita.

Sì, ma non tutti i ragazzi fumano, sniffano e bevono. Eppure si possono scatenare ugualmente degli attacchi di panico?

Spesso succede dopo uno stress prolungato, o in seguito a una grossa delusione sentimentale: la fine di un rapporto che era stato a lungo garanzia di equilibrio e stabilità. Ma, anche in questi casi, l'abbandono non è l'unica causa del panico bensì il test che fa emergere una predisposizione genetica fino ad allora silente.

E gli anziani si rivolgono a lei?

Mi ricordo di un vecchio signore, un vedovo che viveva da solo. A ogni attacco di panico chiamava a raccolta i figli, i nipoti, i fratelli. Voleva urgentemente parlare con loro per comunicare i suoi ultimi pensieri, le sue volontà. Era convinto di morire. A ogni disturbo si buttava per terra perché sicuro di avere un infarto.

Quando cominciò a soffrirne?

In tarda età. Quando andò in pensione. Era angosciato dall'idea di svenire e di non ricevere un immediato soccorso. Passava intere giornate a controllare polso e pressione, a chiamare il suo medico. Si sentiva ormai un uomo finito. Non usciva più nemmeno per andare alla posta, a comprare i giornali, a fare la spesa. La sua angoscia di morte lo aveva convinto che ormai per lui non c'era più niente da fare. Una volta, tentando di uscire, ebbe un malore sul pianerottolo, iniziò a urlare per chiedere aiuto. Da allora decise, pur soffrendo moltissimo, di abbandonare la sua casa per abitare più vicino a uno dei figli.

Si rivolse a lei spontaneamente, o fu convinto dai familiari?

Furono questi ultimi, esasperati dalle continue chiamate e dalle richieste di aiuto, a convincere il padre a fare qualcosa. Inizialmente si rivolsero al medico di famiglia, ma nonostante l'affetto e la disponibilità del dottore, non riuscirono a trovare la soluzione più giusta. Allora si informarono e fu loro consigliato di portarlo da me.

Lui come reagì?

All'inizio era molto preoccupato di ribadire che non era assolutamente «matto». Voleva convincermi che i sintomi avvertiti durante gli attacchi di panico derivavano da una malattia su cui bisognava indagare. Rifiutava con tenacia l'idea che il suo disagio partisse dal suo cervello. Contestò la terapia che gli suggerii, avvertendomi che non l'avrebbe mai seguita. Mi raccomandai ai figli che, almeno nei primi tempi, garantissero gli orari e i dosaggi da me stabiliti. Dopo circa un mese di cura l'anziano signore migliorò nettamente, riprese a uscire e fece amicizia con alcuni coetanei, ritrovando vecchie abitudini.

Ma se i disturbi di panico sono in parte genetici, come è possibile che una persona cominci a soffrirne a 70 anni?

Come ho detto, molto spesso ciò che li favorisce è uno stress continuo, il senso di vuoto, il mutamento repentino di abitudini consolidate. E allora un cambio di casa, il pensionamento, la morte del partner o di un figlio proiettano quella persona verso se stessa ad ascoltare e monitorare ogni piccolo sintomo che si presenta più volte nel corso della giornata e che viene tradotto nel segnale di un terribile malore in arrivo.

Certo deve essere bello per lei aiutare queste persone, liberarle da una schiavitù che le condanna a essere ostaggi della paura per tutta la vita.

Sì, provo sempre una grande soddisfazione per loro. Aiutarle a guarire mi fa provare forti emozioni e mi dà la forza di offrire ogni volta il meglio di me. Ma non è facile. Perché molti pazienti vengono quando il disturbo è già radicato nella loro esistenza e ha prodotto i danni maggiori, essendo ormai da tempo diventato cronico e avendo cambiato radicalmente il loro modo di vivere, le loro ambizioni, i desideri e i loro destini. Ha annullato con prepotenza la loro capacità di scegliere, di decidere e di proiettarsi nel futuro. Non si danno pace, non si arrendono mai. Si informano, chiedono, chiamano, nella speranza di trovare qualcuno che possa finalmente aiutarli a uscire dal tunnel.

Ma allora, per molti di loro non c'è più niente da fare?

Al contrario si può fare tanto, anzi tantissimo. Anche nei casi più disperati, quelli «impossibili». Perché poi durante la cura, puntualmente, qualcosa succede. E allora il paziente all'improvviso «si sblocca», si riappropria di sé. Si sente cambiato e torna a essere quello di prima, quello dei giorni migliori. È finalmente uscito dal recinto.

Come fanno a venire da lei se non hanno il coraggio di uscire di casa?

Anche nei casi più gravi, alcuni pazienti sono ostinati e decisi. E allora fanno di tutto, convinti che quell'incontro può cambiare la loro vita. Una signora giunse da me con un'autoambulanza da molto lontano, con il medico a bordo. Altri invece allertano tutti e partono accompagnati da parenti e amici pronti a soccorrerli.

«Le ho provate tutte, lei è la mia ultima speranza, mi aiuti.» Mi ricordo ancora le parole e il viso distrutto di Laura, che costrinse il marito ad affittare un camper perché convinta di non essere in grado di farcela. Fece tutto il viaggio sdraiata e preoccupata, attenta a non muoversi.

Sdraiata?

Sì. La vita era ormai diventata molto difficile per lei. La paura di svenire l'aveva da tempo costretta a passare intere giornate sulla poltrona o a letto. Aveva perso il lavoro, gli amici. Le sue uscite erano talmente sporadiche, che le sembrava di soccombere, di morire a ogni passo compiuto.

«L'ultima volta che ho avuto il coraggio di uscire, dopo pochi metri ho iniziato a urlare per chiedere aiuto.» Da allora Laura si era sentita umiliata e derisa dagli altri. Era diventata il caso del quartiere, di cui tutti parlavano. E allora decise che non sarebbe più uscita.

La sua storia iniziò quando un giorno, mentre attraversava la strada, rimase improvvisamente bloccata. Non riusciva più a camminare, né a muoversi, perché le gambe non le rispondevano. Era convinta di morire, di essere travolta dalle auto in corsa. Quella forte paura aveva sconvolto la sua vita, prendendo tragicamente il sopravvento su di lei.

Queste persone compiono gesti «bizzarri», fanno richieste insistenti dettate da un bisogno angosciante di sentirsi protette.

Sì, perché alcuni di loro affrontano la vita in uno stato di emergenza continua, sempre in bilico tra la vita e la morte. Hanno il «kit della salvezza» a portata di mano. Pillole, gocce, rimedi di varia natura. Ma anche l'agendina con i numeri da chiamare per le urgenze improvvise. E poi, l'immancabile bottiglia dell'acqua.

La bottiglia dell'acqua?

Per alcuni è fondamentale, non l'abbandonano mai. Temono costantemente di soffocare, di morire strozzati. Nei casi più gravi, cambiano dieta e si nutrono soltanto con cibo liquido.

Un paziente mi raccontò che stava per «soffocare» con la sua stessa saliva. Da allora, gli risultava difficile parlare, si inceppava durante il discorso. Era costretto a bere a ogni parola e dovette cambiare lavoro.

C'è qualcosa che ritiene prioritario nel rapporto con i suoi pazienti?

Quello di alleggerirli subito, sin dal primo momento, di un peso diventato per loro insostenibile. Qualcosa che nel corso della vita li rende esausti.

Quale?

Quello di non sentirsi pienamente riconosciuti nella dignità di persone che soffrono. Cerco di toglierle subito da quella dimensione di solitudine mentale ed esistenziale che rappresenta forse la parte più dolorosa del loro disturbo. La difficoltà di essere capiti, compresi e di poter condividere il loro profondo disagio li fa ulteriormente sentire sradicati dalla vita.

Molti pazienti colpiti da un attacco di panico si sentono come parcheggiati ad attendere qualcosa di terribile che è già accaduto e che, probabilmente, si verificherà ancora.

Quindi, dimostrare a queste persone di aver capito ciò che sta loro accadendo diventa un fatto preliminare, da cui bisogna partire.

Esatto. Ed è un passaggio decisivo direi, perché può agevolare l'adesione del paziente alla fase successiva, quella dell'inizio della cura. Ma anche per stabilire gli obiettivi che si vogliono raggiungere con la massima collaborazione. Va definitivamente abolito quel «lei prenda questo, e non si preoccupi, al resto penso io». Perché non porta lontano e il paziente può sentirsi ancora più confuso e al primo problema sospende la cura compromettendo il risultato finale.

Ma a volte un attacco di panico può essere una risposta psicologica che si manifesta quando ti comunicano di avere un «male incurabile».

Sì e succede molto più spesso di quanto si immagini. Sono attimi terribili, drammatici. La notizia di avere il cancro può scatenare reazioni diverse. Ma spesso la persona si sente spacciata, finita e quella parola rappresenta per lei una vera sentenza di morte.

Il cancro, una parola ancora per molti impronunciabile. Che apre le porte alla paura.

Non c'è dubbio. Il cancro è una malattia che si avvantaggia, si «nutre» anche della paura, del panico. E sono reazioni emotive che contribuiscono a rendere questa malattia più resistente, spesso invincibile. Perché a lungo andare fiaccano, rendono vana l'efficienza delle risposte immunitarie riducendo le possibilità di guarigione. Tutto ciò può compromettere seriamente il successo delle terapie antitumorali adottate.

Che cosa sta cercando di dire?

Quando si cura il tumore forse si trascura la sofferenza psicologica di questi pazienti. Ci si dimentica che in questi casi il cervello è pienamente coinvolto, dall'inizio alla fine. Si è molto rapidi, efficienti nell'aggredire questa terribile malattia, ma non si è altrettanto agguerriti e sensibili nel curare in modo radicale quella compagna di viaggio che affianca il tumore: la paura.

Ed è un peccato perché è sempre più evidente il rapporto tra lo stress e la capacità del nostro organismo di fronteggiare circostanze ed eventi con modalità vincenti. Quindi curare il panico e la paura che si sviluppano in seguito al cancro vuol dire incidere positivamente sulle risorse e sulle capacità di reazione di quella persona.

Perché secondo lei questo non viene ancora recepito a fondo?

Perché forse a volte ci si dimentica degli stretti rapporti che esistono tra il cervello e il sistema immunitario, e tra il cervello e il sistema endocrino, quello ormonale. Legami forti, dimostrati scientificamente, che hanno contribuito a far nascere una nuova disciplina, nel tentativo di rendere ancora più stretti questi legami: la psiconeuroimmunoendocrinologia. Un passaggio molto importante perché ha fornito una dimensione unificante di comparti e sistemi del nostro organismo che prima erano espressi separatamente.

XV
Fuori dal tunnel

Parliamo della tipologia dei pazienti che si sono rivolti a lei. Per esempio le casalinghe.

Ricordo bene il giorno in cui la incontrai, perché fu lei a farmi scoprire una realtà sommersa, quella delle casalinghe afflitte da attacchi di panico. Lei casalinga lo era per vocazione, se così si può dire. Insomma, la sua era una scelta. Non so quanto questo faccia la differenza, ma fu solo il primo di una lunga serie di incontri con le «desperate housewives» (tanto per rifarsi al titolo di una fortunata serie americana), con donne che magari la casa l'avevano scelta per necessità, perché la realtà esterna sembrava loro troppo difficile da affrontare. Donne che, pur di avere un'esistenza senza turbolenze, vivevano una vita a metà, che le rendeva infelici e vulnerabili agli attacchi di panico.

Maria ne soffriva da 15 anni. Tutto era cominciato con un terribile senso di soffocamento che non le diede tregua per un anno lunghissimo. «Capitò d'improvviso, nel mezzo di una fantastica giornata con gli amici in campagna. Quando una cosa così arriva, senza preavviso, ti manda in tilt… Non sai proprio cosa stia succedendo… Ti senti soccombere sotto una valanga. La corsa in ospedale, i pianti, il sospetto concreto di avere poche ore, pochi minuti di vita… Infine, venti crisi dopo, ti arrendi a quello che ti dicono i medici, arrivi a credere che sì, non stai morendo, che non è una crisi respiratoria, non è un attacco cardiaco, ma *solo* un attacco di panico.» Il suo racconto fu solo la prima tappa.

Il passo successivo?

Fu quello di intraprendere il percorso psicoanalitico che, all'inizio, lei abbracciò con entusiasmo e totale fiducia. Ma gli attacchi di panico continuarono, e aumentarono anche i sensi di colpa.

«Ma come» le dicevano i familiari, gli amici, «non ti manca niente, sei in terapia, hai una bella famiglia, perché stai male?»

Lei mi spiegava: «Dottore, non lo so di cosa ho paura, non mi interessa più scoprire i perché e i percome, non ne voglio più sapere di scavare, non faccio altro da dieci anni! Mi aiuti, la prego…».

Maria mi aveva colpito, soprattutto per la prorompente vitalità del suo temperamento. Era affascinata dalle esplorazioni nel suo inconscio, ma non ne poteva più di andare a frugare nel suo passato. Eppure anche lei, come molti miei pazienti, opponeva una resistenza feroce all'idea di assumere dei farmaci.

«Cosa la blocca?» le chiesi subito. La sua risposta fu illuminante: «Non voglio diventare un'altra persona, alterare la mia personalità…».

Dunque, era questa la chiave, sua e di molti altri che ho incontrato nel corso degli anni.

Com'è finita la storia di Maria?

Dopo continui dubbi e altrettanti ripensamenti, Maria capitolò perché si rese conto di essere entrata in un tunnel senza ritorno. Pretesi da lei disciplina e rigore soprattutto all'inizio, quando promise che avrebbe evitato di leggere il bugiardino dei farmaci. Trovammo una soluzione che lei condivise. Quella di scrivere giorno per giorno eventuali effetti sgradevoli che avrebbe poi riferito e discusso con me. Fu duro al principio ma poi, sentendosi meglio, divenne una convinta sostenitrice di questa cura che progressivamente la aiutò a recuperare il tempo perduto e a cambiare la sua vita.

Tra i suoi pazienti ci sono stati anche degli artisti?

Ricordo un cantante che aveva ormai deciso di ritirarsi perché più volte gli attacchi di panico lo avevano sorpreso durante un concerto. Quel disturbo stava danneggiando seriamente la sua carriera, la sua vita e il suo equilibrio. Tentò di reagire, sottoponendosi a un lungo ed estenuante percorso diagnostico che non aveva evidenziato nulla di particolare.

Poi la beffa, al panico si affiancò anche la depressione, spingendolo verso una dimensione di profonda sofferenza e di impotenza totale. Mi colpì, la prima volta che lo vidi, la sua espressione attonita, da «cane bastonato», come se fosse stato travolto da una sciagura oppure dovesse pagare un prezzo particolare per aver vissuto fino ad allora una vita piena di successo e di grandi soddisfazioni.

I suoi attacchi di panico erano inaspettati e, colpendolo durante i concerti, lo lasciavano stupefatto perché erano incomprensibili. Si apriva il sipario e, a quel punto, la sua voce cambiava e lui diventava improvvisamente fragile e in balìa dei capricci della sua malattia.

Scusandosi, quasi come a dire «non sono più io», con la voce rotta dal pianto, era costretto ad abbandonare la scena accompagnato dagli applausi e dalla solidarietà del pubblico che aveva compreso il suo dramma.

Come andò?

Quel cantante, dopo la cura, riuscì a trovare la spinta e la passione di sempre. Il primo incontro fu molto difficile perché il suo carattere e la sua personalità lo portavano a dominare chiunque. Non accettava di fare quello che il medico gli consigliava. Mi urtai molto e gli dissi: «Io sono un suo fan, ma se lei non mi fa fare il mio mestiere, non potrò esserle di aiuto. E allora è meglio salutarci qui».

Queste mie parole suonarono per lui come una esortazione a ribellarsi a se stesso se voleva uscire da quell'incubo che gli aveva cambiato la vita non solo professionale. Devo dire che da allora fu un paziente esemplare.

Le è mai capitato di curare un medico che soffriva di attacchi di panico?

Certo che mi è capitato. E sono stati sempre i pazienti peggiori. Molto complicati, con cui è stato necessario combattere oltre il dovuto.

Ma non è stata anche una forma di gratificazione professionale?

Non c'è dubbio. Ma poi ti rendi conto che se è vero che il medico è il peggior medico di se stesso, è altrettanto vero che a volte è il peggior paziente per qualsiasi altro medico.

Perché la pensa così? Non è un po' troppo drastico nel suo giudizio?

Ma no. È solo una forma di autocritica. Il medico è consapevole che il successo di qualunque terapia medica o chirurgica è basato sulla condivisione di un preciso obiettivo. Per raggiungere questo traguardo è necessario che i due principali protagonisti di questo progetto, il medico e il paziente, si parlino chiaramente, abbandonando qualunque riserva. Gli ingredienti fondamentali per raggiungere un buon risultato sono la professionalità da parte del medico e la più totale fiducia e disciplina da parte del paziente. Da qui bisogna partire.

Sta cercando di dire che il medico predica bene e razzola male?

Quando ero uno studente in medicina sentivo spesso dire: «Fai quello che il medico dice e non quello che fa». Con questo si volevano spiegare le tante contraddizioni che si colgono nella figura del medico. Che sembra onnipotente ma, a volte, è il più fragile e difficile tra tutti i pazienti.

Quando curo un medico esigo da lui la stessa disciplina e collaborazione che pretendo dagli altri pazienti. Altrimenti non potrei essergli utile.

Non deve essere facile.

No, certo. Mi ricordo che uno dei medici che si rivolse a me per i suoi attacchi di panico a lungo non accettò questa diagnosi. Era convinto che l'origine dei suoi malesseri andasse cercata altrove. Rifiutò più volte le cure prescritte, deciso a resistere contro ogni logica o principio. Fino a quando non fu travolto dalla malattia mentre stava tenendo una conferenza davanti a un pubblico numeroso. Fu per lui un'umiliante e traumatizzante esperienza che poi lo sorprese ancora nelle situazioni più disparate. A volte anche al cospetto dei suoi stessi pazienti.

Nella sua pratica di medico di famiglia gli era capitato spesso di raccogliere le confidenze e i racconti di alcuni suoi assistiti colpiti dallo stesso disturbo. Forse nel passato aveva un po' sottovalutato la drammaticità del vissuto dei loro racconti. Ora la vita lo aveva, per un ironico gioco della sorte, catapultato dall'altra parte. Quando si rivolse a me iniziò un lungo e difficile rapporto terapeutico, perché era deciso a esercitare il duplice ruolo, quello di medico e quello di paziente. Non fu facile all'inizio fargli comprendere che per me lui rappresentava un paziente come tutti gli altri. Ciò era necessario per poterlo aiutare. Le sue conoscenze mediche e la sua cultura scientifica costituivano un ostacolo.

E i manager, uomini sicuri di sé e del proprio potere, si sono mai rivolti a lei?

Ricordo un professionista che venne da me perché preda del panico da diversi anni. Si era ormai rassegnato. Ma poi accadde qualcosa che avrebbe cambiato la sua esistenza. Mancavano pochi giorni a un evento che avrebbe coronato il sogno di tutta la vita: riuscire a adottare due bambini. Ma la sua paura di volare gli impediva di andarli a prendere. Se non ci fosse andato lui personalmente, avrebbe perso forse l'unica opportunità per diventare padre.

Dove doveva andare?

In Brasile. Quindi doveva sottoporsi a numerose ore di volo. E poi, trascorsa qualche settimana lì insieme ai bambini, portarli in Italia con sé.

E cosa accadde?

Era distrutto dai sensi di colpa. E consapevole di perdere qualcosa che gli avrebbe dato una gioia profonda. Ma la sua paura di volare sembrava davvero invincibile. L'aveva già condizionato nel passato, danneggiando la sua professione e i suoi affetti. Non accettava l'idea di trascorrere del tempo in un luogo dove gli era preclusa la possibilità di uscire all'aperto. Solo il pensiero di dover salire su un aereo gli procurava uno stato di profonda sofferenza.

Ma alla fine partì?

Gli dissi di fare il biglietto. Lui tentennò a lungo. «Tanto è inutile, io quell'aereo non lo prenderò mai.» Iniziò subito la terapia farmacologica e andò tutto benissimo. La cura gli diede la spinta per affrontare il viaggio di andata e ritorno. Riuscì così a realizzare quello che per lui era un desiderio profondo. Questo e altri casi mi hanno fatto molto riflettere.

Su che cosa?

Senza retorica posso affermare che mi dispiace moltissimo pensare a tutte quelle persone che soffrono di attacchi di panico e non possono usufruire degli enormi vantaggi prodotti dalla terapia farmacologica. È un'opportunità a portata di mano ed è un vero peccato non utilizzarla fino in fondo. Mi chiedo spesso: perché aspettare? Che senso ha rimandare qualcosa che può davvero cambiare la vita di una persona?

Vedo le reazioni dei miei pazienti. Molti di loro esultano già dopo un mese di cura. Orgogliosi, mi elencano i piccoli ma significativi progressi che preannunciano il risultato finale: riprendersi la libertà, ritornare a essere autonomi, non più condizionati da mille incertezze, da mille paure. Uscire finalmente dall'odiato recinto.

È un po' come tornare a vivere, a volersi bene, ad amarsi.

Sono reazioni di indescrivibile gioia. Quelle di chi è uscito da un incubo e ha ritrovato se stesso. Si riscoprono le vecchie abitudini e quel consueto modo di affrontare la vita senza l'ombra di una minaccia incombente. E allora ripartono i progetti, si programmano i viaggi. Si proiettano nel futuro cercando di recuperare il tempo e le occasioni perdute.

Un attacco di panico può mettere in pericolo la propria sicurezza o quella degli altri?

L'attacco di panico non rappresenta una situazione che può compromettere la vita di una persona. Di questo disturbo, ribadiamolo, non si muore. Tuttavia il rischio può verificarsi per gli effetti che l'attacco di panico produce a volte, in alcune circostanze particolari.

A tale proposito, mi ricordo di Claudio, un rappresentante di giocattoli costretto per il suo lavoro a girare l'Italia in lungo e in largo. Guidare per lui era sempre stata una vera passione. Riusciva a percorrere fino a 600-700 km al giorno, senza stancarsi.

Che cosa gli accadde?

Un giorno mi raccontò: «È stato terribile, non lo dimenticherò mai. Stavo effettuando un sorpasso, all'improvviso le gambe e i piedi non mi rispondevano più, ero come paralizzato, bloccato, il cuore in gola e la certezza di svenire». E poi: «Ho sentito un brivido e subito dopo un calore diffuso». Ma la cosa più drammatica per Claudio fu la bruttissima sensazione di non riuscire a rallentare o accostare la macchina. Era ormai in totale balìa dell'auto, stordito dal frastuono assordante dei clacson delle macchine che chiedevano strada. «Ero mio malgrado il protagonista di una folle corsa senza la minima possibilità di fermarmi.»

La macchina sbandò e lui ne perse il controllo, andando a sbattere contro il guardrail. Ma per fortuna rimase completamente illeso. Quel giorno vide la morte negli occhi e giurò di lasciare il lavoro e di non guidare mai più.

Ma perché venne da lei?

Perché quell'esperienza cambiò la sua vita. Ebbe altri attacchi di panico che lo convinsero a ritirarsi del tutto. A causa di quella disgrazia si appartò sempre di più e, oltre al lavoro, perse gli affetti, gli amici, la voglia di vivere.

Come lo aiutò?

Gli spiegai che per ritrovarsi, per ritrovare la fiducia in se stesso, doveva superare una volta per tutte la paura e il ricordo di quel terribile giorno. Iniziò una terapia farmacologica che gradualmente lo aiutò a ritornare alla sua antica passione, guidare. Mi ricordo che allo stesso tempo gli «prescrissi» anche di recarsi, mezz'ora al giorno, sul raccordo anulare per riabituarsi a poco a poco ai sorpassi e al traffico intenso. Tutto si concluse positivamente per lui.

Come si spiegano queste reazioni?

A mente fredda sono comportamenti che ci possono apparire inconcepibili, assurdi direi. Ma in realtà sono reazioni che potremmo definire istintive e perciò automatiche. E questo perché, durante un attacco di panico, prevale, contro ogni logica, quella parte del cervello che è tutta protesa a garantirci l'efficienza e la rapidità della fuga davanti a un pericolo incombente, anche quando questo pericolo in realtà non esiste.

Ricordo un mio paziente, un camionista, che poco dopo aver imboccato una galleria ebbe un improvviso attacco di panico. Inchiodò subito il mezzo e in preda alla paura cominciò a correre disperatamente verso l'uscita. «Stavo per soffocare, mi sembrava di morire, l'unica cosa che veramente contava per me era di uscire al più presto da lì, di rivedere la luce.»

E gli psicologi? È vero che molti di loro si sono rivolti a lei perché soffrivano di attacchi di panico?

Sì e sono giunti da me con estremo ritardo, dopo che hanno provato di tutto. E quando hanno deciso di accettare la via farmacologica, per alcuni di loro è stato come vivere una sconfitta. Come consegnarsi al nemico. Per altri invece si è trattato di una crescita professionale.

Alcuni di loro si sono offerti come volontari per eventuali ricerche o collaborazioni future, per meglio chiarire le cause di questo disturbo.

Una psicologa che venne da me mi disse: «È stata la sofferenza di una mia paziente, che poi è guarita, a convincermi a iniziare anch'io una terapia farmacologica. Ormai non potevo più vivere. Durante il lavoro ero in agitazione continua. Mi alzavo continuamente dal tavolo con la scusa di bere, di andare al bagno. Mi sciacquavo la faccia, sudavo, sbiancavo. Alcuni pazienti si erano ormai accorti del mio profondo disagio. Le sedute con loro erano diventate un inferno, mi sembrava che non finissero più». Poi il crollo.

Non credo siano venuti da lei degli assistenti di volo…

Lo so, sembrerà paradossale, ma sono venuti anche loro.

Proprio loro che devono trasmettere sicurezza ai passeggeri? Certo la cosa non contribuisce a creare un clima sereno…

Abbiamo detto più volte che l'attacco di panico è una delle emergenze più diffuse che si verificano a bordo di un aereo. Si presenta in modo talmente plateale e drammatico che spesso «contagia» pure altri passeggeri, trasformando la carlinga in un caos.

Gli assistenti di volo sanno di non potersi permettere malori che potrebbero contribuire a suggestionare chi vive l'aereo con particolare apprensione. Quando questo accade diventa particolarmente drammatico per loro. Anche perché sia le hostess sia gli steward sono il punto di riferimento costante, dalla partenza all'arrivo, di quei passeggeri che hanno paura del volo. E questo dovrebbe far capire che gli attacchi di panico possono colpire chiunque. Indipendentemente dal «coraggio» di chi li subisce.

Vuole forse dire che gli assistenti di volo rappresentano un po' una categoria a rischio?

In un certo senso sì. E giocano a loro svantaggio due fattori. Il primo è quello di trascorrere ore e ore in un jet, dove la qualità dell'aria che si respira, come ho già spiegato, non è certo ottimale né per loro, né per i passeggeri. E poi senza dubbio subiscono una quantità di stress non indifferente, che col tempo si accumula. Entrambi questi elementi sono sufficienti a smascherare quella predisposizione genetica, necessaria per subire gli attacchi di panico.

Mi fa un esempio che le è capitato?

Una hostess, mentre spingeva il carrello per offrire cibo e bevande, fu colta da un improvviso attacco di panico. Le vennero meno le forze. Si sentiva svenire e avrebbe voluto lasciarsi cadere in terra in quel preciso momento. Sapeva che, se fosse successo, avrebbe perso il lavoro. Cercò di resistere, mordendosi il labbro. Strinse forte i pugni, serrò la mascella e pregò. Riuscì a non crollare, poi di nascosto si chiuse a piangere a lungo nel bagno. Quel giorno giurò che mai più avrebbe preso un aereo. Ebbe altri attacchi di panico e si ammalò. Dopo una lunga convalescenza convinse la sua compagnia a farla lavorare come hostess di terra. Fu per lei un grande dolore, perché aveva sempre desiderato volare, viaggiare.

Venne da me e, dopo la cura, riuscì a vincere l'incubo di quel terribile giorno. Riuscì a prendere l'aereo, a tornare a volare, questa volta come una qualunque turista. Fu per lei un'enorme vittoria.

Ha qualche caso di giornalisti o scrittori?

Uno scrittore mi raccontò di avere subìto un lungo «blocco creativo» proprio in seguito a un attacco di panico. I suoi pensieri erano da allora perennemente impegnati a controllare il nemico. Fu travolto da questo disturbo mentre stava scrivendo. E produsse su di lui degli effetti dirompenti. Si affrettò a battezzare l'attacco di panico un «uragano spietato» che nasce dal nulla e travolge ogni cosa.

Venne da me perplesso, ma al contempo desideroso di trovare qualcosa che lo potesse aiutare a ritrovare la sua vena migliore. Gli spiegai che quello che gli era accaduto poteva verificarsi di nuovo. Fu molto scettico all'inizio in merito all'effetto di una semplice pasticca. Aveva sempre avversato la chimica, in qualunque forma si presentasse. Temeva soprattutto di perdere la concentrazione e la creatività sotto la spinta di queste sostanze.

Quando poi lo stato di tensione continua, oltre a cambiargli la vita, iniziò a dargli altri disturbi, legati allo spavento provato, si convinse che seguire la cura era la cosa migliore. Furono sufficienti pochi mesi per aiutarlo a ritrovare una condizione soddisfacente.

Ha visitato anche degli attori?

Un giorno un attore famoso mi disse: «Mi sento come uno che si lancia dal cielo col paracadute bucato».

Che cosa gli era successo?

Mentre recitava in teatro aveva avuto un attacco di panico ed era dovuto uscire di scena. I sintomi erano talmente violenti e improvvisi che non riusciva più a controllarli. Era ormai deciso a rinunciare al successo e al suo pubblico.

A ogni debutto prendeva di tutto pur di stordirsi. Non riusciva più a dominare la scena come una volta. Lo convinsi a iniziare la cura e a rimandare ogni decisione riguardo al lavoro.

Dopo la terapia tornò a recitare come nei tempi migliori senza assumere alcolici o altre sostanze. Gli bastavano semplicemente gli applausi del pubblico.

«Panico»
di Rosario Sorrentino e Cinzia Tani
Oscar bestsellers
Arnoldo Mondadori Editore

Questo volume è stato stampato
presso Mondadori Printing S.p.A.
Stabilimento NSM - Cles (TN)
Stampato in Italia - Printed in Italy